Småland hat mich geboren

Schweden habe ich durchreist

Der Erde 450 Ellen tiefe Eingeweide geschaut

In des Windes Höhen eine Meile emporgestiegen

Sommer und Winter an einem Tag angeschaut

und selben Tag darinnen verlebt

Wolken habe ich durchschritten

Das Ende der Welt habe ich besucht

Der Sonne Nachtherberg geschaut

Unter einem Jahr 1000 Meilen

zu Lande gewandert

Carl von Linné

Für Niklas,
meinen unvergleichlichen Sohn.

...nur noch bis dahinten!

Trekking im Sarek

von

Klaus Heyne

Copyright © 2014 Klaus Heyne
2. Aufl.
Herstellung und Verlag:
BoD - Books on Demand

ISBN 9783732234325

Bibliografische Information der Deutschen Nationalbibliothek

Die Deutsche Nationalbibliothek verzeichnet diese Publikation in der
Deutschen Nationalbibliografie; detaillierte bibliografische Daten
sind im Internet über http://dnb.d-nb.de abrufbar.

...nur noch bis dahinten!

For a moment I was with you
rested for a while

And now my friend, my dear bird
it is time to leave again
It is always like that towards the end

And I take out the white reindeer fur coat
not so new any more
but not worn either
And I take out the mottled fur shoes
new shoe strings
nice dark fur leggings
the silver belt the gákti
the silk scarf the cap
the fur gloves
And the food pack

I leave
to arrive
go away
to be closer

To the space of your thoughts
to your heart
I crawl
into the heart

I journey
on the sea of time
follow
the tracks of the wind

Nils-Aslak Valkeapää [Valkeapää1]

...nur noch bis dahinten!

Klaus

Niklas

Jens

...nur noch bis dahinten!

Inhaltsverzeichnis

...nur noch bis dahinten!

...nur noch bis dahinten!

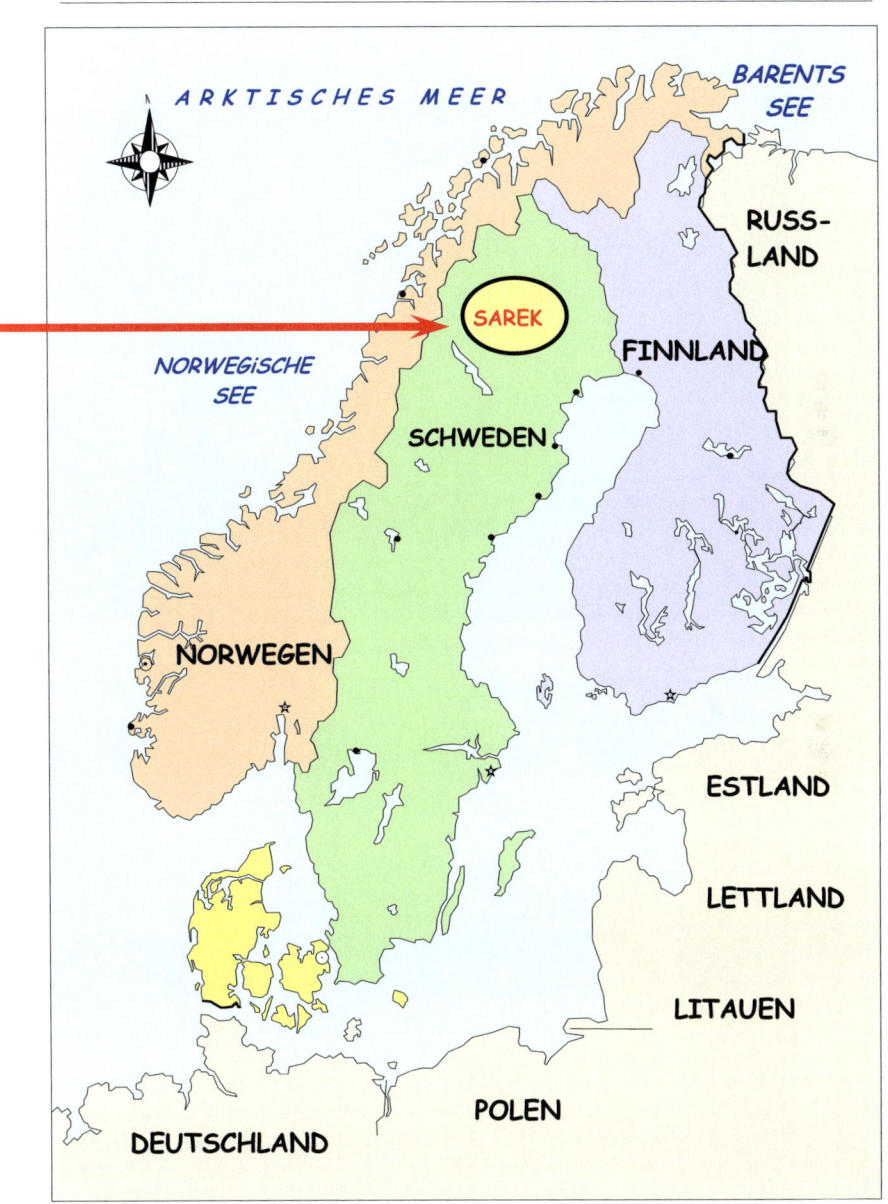

...nur noch bis dahinten!

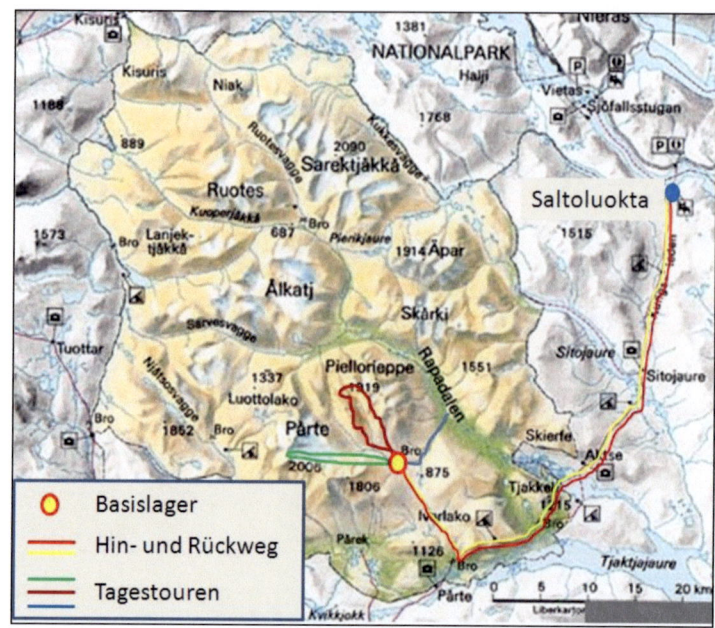

Realisierte Route 2012

Geplante Route

...nur noch bis dahinten!

Warum eigentlich schon wieder nach Lappland?

Diese Frage kann nur jemand stellen, der (noch) nicht vom Zauber des Hohen Nordens berührt wurde. Das gibt es natürlich, ist für mich nur schwer vorstellbar.

Wer eine Schwäche für schier endlose Weiten ohne Straßen, Wege und andere zivilisatorische Errungenschaften hat, ist hier bestens aufgehoben. Das vielbesungene Credo „zurück zu den Wurzeln" kann man hier hautnah am eigenen Leib erfahren. Eine Wanderung, d.h. das Erleben einer Landschaft kraft eigener körperlicher Anstrengung,

> Erst (...) jenseits der Hotels und der geebneten Wege, erwartet uns das wahre Lappland. Aber diesen kostenlosen Schatz werden die meisten Touristen, die von ihrem Gepäck und ihrem Bedürfnis nach Komfort behindert sind, nie kennenlernen. Anstatt durch die Tür zu gehen, die die Arktis ihnen offenhält, steigen sie lieber in ihr Auto und bringen nur ein paar Bröckchen der polaren Unendlichkeit mit nach Hause.
> [Crottet2, S. 21]

ist eine ganz andere Erfahrung als wenn man (Reise)Ziele unter bequemer Nutzung von Hilfsmitteln im weiteren Sinne (z.B. Sessellift auf den Alpengipfel) erreicht.

Schon allein der Umstand, dass man völlig auf sich allein gestellt ist, unterscheidet den „Wildnis"-Wanderer vom gemeinen Touristen. Man lernt, seine Bedürfnisse herunterzuschrauben und auf das Wesentliche zu konzentrieren. Man freut sich schon, wenn der Schlafsack trocken und der Topf warm und gefüllt ist. Die völlige Abstinenz von all den Dingen, die tagtäglich auf uns einwirken und uns auf die verschiedensten Arten knechten und nerven (Telefon, Fern-

> „In dem großen Schweigen der Polarwelt, angesichts des Nordlichts, wird dem Menschen spürbar, dass es über seiner kleinen individuellen Wirklichkeit Kräfte gibt, die sein Leben lenken und beherrschen."
> [Crottet1, S. 15]

sehen, Straßenverkehr,...) macht den Kopf herrlich frei und verleiht den Empfindungen auf dieser Reise eine Intensität, die eine all-inclusive-Pauschalpackung niemals hervorbringen wird.

In diesem Zusammenhang werde ich nicht müde, den Kameramann Dietrich B. Sasse zu zitieren, der in den 1950ern sagte: „Wer einmal in Lappland gewandert, ist seinem Zauber verfallen. Er kann den Bann nur brechen durch seine Wiederkehr". Und Robert Crottet schrieb: „Ich habe

beinahe alle Länder der Erde bereist, aber nur hier fand ich so etwas wie ein kleines Paradies." [Crottet1, S. 13].
Und genau deshalb muss es schon wieder Lappland sein!

Doch dieses Mal gibt es noch einen anderen, guten Grund für dieses Reiseziel. Mein Herzenswunsch hat sich erfüllt. Niklas, mein 17-jähriger Filius, wird mit von der Partie sein. Ich freue mich unbändig darauf, meine Leidenschaft für Art und Ort des Reisens wahrhaftig mit ihm zu teilen und das Land nördlich des Polarkreises mit den Besonderheiten der Arktis mit ihm gemeinsam zu erleben. Sei es das Phänomen der Mitternachtssonne oder endlose Geröllfelder und Birkenurwälder oder mückenverseuchte Sümpfe

> *„Lappland schenkt alles und fordert nichts." Aber [das] stimmt nicht. Es ist nicht wahr, dass Lappland nichts fordert. Im Gegenteil, es fordert viel, nämlich nichts weniger als eine Art Selbstmord. Man muss jenes Selbst ablegen, das man aus den sogenannten zivilisierten Ländern mitbringt, und es im Inari-See ertränken. (...) Es dauerte nicht lange und ich erkannte, dass ich ihnen [den Lappländern] nichts beibringen konnte. Mit kaum erkennbarer Ironie machten sie mir deutlich, dass sie die Lehrer seien, und dass mein ganzes intellektuelles Gepäck viel zu leicht wiege. Wenn sie weder Shakespeare noch Goethe, Rembrandt oder Bach kannten, so war das nicht wichtig für sie. Rings um sie und in ihnen gab es Musik, Dichtung, Malerei. Sie brauchten nicht schöpferisch zu sein, weil sie der Schöpfung so nahe waren. [Crottet2, S. 22]*

oder ewiger Schnee auf den Berggipfeln – ich hoffe, die einzigartige Natur, Hamsuns *„Allnatur"*, wird eine positive und nachhaltige Wirkung bei ihm hinterlassen und den Blick auf die wirklich bedeutenden Dinge lenken. Selbst wenn man – oder gerade dann – bis an die eigenen Grenzen geht und sich selbst überwindet und weiter geht - **...nur noch bis dahinten!**

*

In all den Jahren, während derer ich mich in den nördlichen Gefilden aufgehalten habe, habe ich immer wieder festgestellt, dass viele Menschen, die in den mitteleuropäischen Breitengraden zu Hause sind, Lappland geografisch nicht wirklich gut einsortieren können. Schulisch begegnet man dieser Region kaum. Ich kann mich nur an eine Erwähnung im Erdkundeunterricht der Sexta oder Quinta erinnern, bei der es um die Erzbergwerke in Kiruna ging. Es gibt auch kein allgemeines weltpolitisches Interesse an diesem Land. Selbst die Berichterstattung um die radioaktive Wolke von Tschernobyl, die seinerzeit Ursache für die Notschlachtung tausender Rentiere war, reichte lediglich zur namentlichen Nennung des Bottnischen Meerbusens. Alles Weitere hieß nur „weiter nördlich". Nun, immerhin ist Lappland ja auch kein souveräner Staat mit anerkannten Grenzen, sondern der Lebensraum einer ethnischen Gruppe, der sich über die nördlichen Regionen der Länder Norwegen, Schweden, Finnland und bis an die russische Halbinsel Kola erstreckt. Eine Region, in der der Polarkreis zum Süden zählt und die bis zum Nordmeer reicht.

Wer sich näher mit dem Thema beschäftigen möchte, wird zwangsläufig auf die Begriffe **Arktis, Lappland, Sapmi** und **Nordkalotte** stoßen, die nicht synonym zu gebrauchen sind und daher leicht zu Verwirrung führen können. *Lappland* umfasst im engeren Sinne nur die schwedische Landschaft *(landskap)* Lappland (bis 1634 eine Verwaltungsprovinz) und Finnlands nördlichste Provinz Lappland *(Lapin lääni)*. Die Norweger betrachten auch nur genau diese beiden Provinzen als Lappland. Für die russische Kola-Halbinsel ist es ebenfalls nicht üblich, den Begriff Lappland zu verwenden.

Im Unterschied dazu gibt es das tatsächliche Siedlungsgebiet der Samen, der lappländischen Ureinwohner, nämlich *Sápmi*, das jedoch nach dem Selbstverständnis der Samen über die historische schwedische Provinz Lappland weit hinaus reicht. Auch wenn die Samen im Laufe der Jahrhunderte immer weiter in den Norden verdrängt wurden, reicht Sápmi heute von der Kola-Halbinsel in Russland bis nach Idre in der (mittel-) schwedischen Provinz Dalarna und Engerdal im norwegischen Verwaltungsbezirk Hedmark.

Die *Nordkalotte* wiederum bezeichnet die nördlichste Region der skandinavischen Halbinsel um den Polarkreis herum und das Gebiet nördlich davon. Der Begriff ist im norwegischen und schwedischen Sprachgebrauch weit verbreitet.

Das Gebiet der *Arktis* dagegen wird über klimatische Kriterien definiert: So sind beispielsweise die Baumgrenze oder die Juli-Isotherme von 10°C maßgebend für die Abgrenzung gegenüber den südlicheren Regionen der Erde. In früheren Zeiten wurde die Arktis schlicht als „Region nördlich des Nordpolarkreises" (66°33' nördliche Breite) festgelegt. Allerdings wird die klimatische Zone der Arktis tatsächlich nicht vom Polarkreis begrenzt.

Flöge Nils Holgersson noch einmal auf dem Rücken der grauen Wildgans Akka von Kebnekaise über deren Heimat, so sähe er im Westen die hohen, mit Gletschern bedeckten Berge der Skanden (das skandinavische Gebirge) und eine von Fjorden zerklüftete Küste. Er sähe östlich der Berge eine tundraähnliche Hochebene, die von Sümpfen und Flüssen durchzogen ist. Er sähe riesige Nadelwälder, die sich von der Hochebene aus südöstlich bis tief in die Täler hinein ausbreiten.

Diese Fakten kann man mit einem erdkundlichen Basiswissen verarbeiten und sich auf der vor dem geistigen Auge aufgeschlagenen Weltkarte vergegenwärtigen. Schwieriger wird es bei dem Versuch, dem Gesprächspartner die Weitläufigkeit, Einsamkeit und Ursprünglichkeit zu verdeutlichen. Für Viele völlig unvorstellbar sind Dinge wie das Fehlen von Straßen oder ähnlicher Infrastruktur. Bemerkungen wie: „Naja, wenn ihr keine Lust mehr habt, dann geht ihr bis zur nächsten Straße und lasst euch in den nächsten Ort mitnehmen." entsprechen einer Standardvorstellung. Meine Entgegnung darauf, dass es dort keine Straßen gibt, kommt beim Gegenüber nicht wirklich an. Das merkt man an seinem leeren, verständnislosen Blick. Das ist dermaßen weit weg von seiner Erfahrungswelt, dass das Hirn sich weigert, solche Unvorstellbarkeiten zu akzeptieren. Das Nicht-Vorhandensein von Städten oder auch nur kleinen Dörfern fällt in dieselbe Kategorie.

Erzähle jemandem aus Deinem Bekanntenkreis, du seist eine Woche lang in eine Richtung gegangen und wärest keinem Menschen begegnet, hättest keine Straße, kein Haus, keinen Strommast gesehen und dann achte auf seinen Gesichtsausdruck.

Und dann wirst Du aufgeben, ihm von der Schönheit der grenzenlosen Weite vorzuschwärmen, ihm verständlich zu machen, warum ein pflanzenloses Tal, voll mit geschredderten Überbleibseln von einstigen Berggipfeln, faszinierend sein kann. Warum es erlebenswert ist, Wege zu gehen, die auch körperlich äußerst anstrengend sein können.

Er wird es nicht verstehen und kann es auch nicht, solange er es nicht am eigenen Leib erfahren hat. Doch dazu bedarf es manchmal eines Anstoßes von außen. Ich bin heute noch froh darüber, dass mein Freund Oliver mich damals in dieser Richtung beeinflusst hat.

> *Can you hear the sound of life*
> *in the roaring of the creek*
> *in the blowing of the wind*
> *That is all I want to say*
> *that is all*
>
> *Nils-Aslak Valkeapää* [Valkeapää2]

...nur noch bis dahinten!

Anreise

In den letzten Tagen dachte und dachte ich an des Nordland-sommers ewigen Tag.

[Hamsun, S. 869]

Endlich! Die letzten Wochen voller Vorfreude und schweisstriefenden Testläufen mit dem 30 kg Rucksack durch Göttingen und die Elfringhauser Schweiz hinter Hattingen enden mit dem heutigen Tag. Dafür beginnt das Bangen, ob die Rekonvaleszenz von nur 14 Wochen nach meiner Knieoperation (Arthroskopie) ausreichend war für das kommende Unternehmen.

Nichtsdestotrotz: heute ist Abreisetag! Der Flieger wird uns von Düsseldorf nach Stockholm und von dort weiter per Inlandsflug nach Gällivare bringen, städtisches Kleinod inmitten des Weltnaturerbes Laponia.

Sonni schmeißt ihre beiden Jungs (Ehemann und Sohn) am Abflugterminal raus und Niklas und ich schieben unser vollgepacktes Wägelchen in die brechend volle Abfertigungshalle, wo mindestens 200 Personen/Familien Leporello in der Schlange stehen – und alle sind vor uns dran. Wir haben nur noch 30 Minuten bis zum Ende der Boarding-Zeit. Das schaffen wir nie!

Die Routine der Abfertiger macht es dennoch möglich, so dass wir sogar noch 5 Minuten Luft haben und ohne Hast zum Gate schlendern können.

Einchecken, abfliegen und landen in Arlanda, Stockholms Flughafen. Hier wollen wir Jens treffen, der aus Zürich angeflogen kommt. Eine Nachfrage an der Information ergibt, dass dieser Flieger auch gerade gelandet sei. Das Abfluggate nach Gällivare haben wir inzwischen ermittelt und warten an strategischer Stelle auf unseren Freund. Allein, er taucht nicht auf. Auf mehrere SMS auf sein Handy gibt es keine Antwort.

„Sohn, ich befürchte, der Eidgenosse hat seinen Flieger verpasst. Der meldet sich überhaupt nicht!"

„Ach was, der wird schon auftauchen. Passt schon!", behauptet mein optimistischer Nachkomme.

An dieser Stelle ist ein Wort zu unserer Crew angemessen. Die Expeditionsteilnehmer sind mein Sohn Niklas (mit 17 Lenzen der mit Abstand Jüngste unter uns), amtierender Jäger-, Falkner- und Fischereischeininhaber, Jens, langjähriger Freund unserer Familie (in diesem Jahr noch „unter Fünfzig"), aus Sachsen stammend und seit einigen Jahren Wahl-Schweizer, mit dem ich bereits 2 Sarek-Wanderungen unternommen habe

...nur noch bis dahinten!

(s.a. Bibliographie im Anhang) und schließlich ich selbst (mit 50c der Senior der Gruppe), der seit Anfang der 80er Jahre unregelmäßig die Gefilde nördlich des Polarkreises aufsucht.

So ist es denn auch. Um 10:30 h kommt er lässig angeschlappt und trifft uns irgendwo auf dem Flughafengelände, auf dem wir schon einige Male unseren Standort geändert haben.

Wie sich herausstellt, gibt es Probleme mit seinem Gepäck. Das Gestänge für seinen Trolley, das als zusätzliches Packstück aufgegeben werden musste, war auf dem Gepäckband nicht dabei. Deshalb hat er bereits eine Odyssee zum Schalter der SwissAir und der Gepäckinformation undundund hinter sich. Leider bisher ohne Erfolg.

Jens hatte im Internet etwas gefunden, dass er selbst gerne als Alternative zum klassischen Rucksacktragen ausprobieren möchte: nämlich ein Gefährt, ähnlich einem Indianerschlitten, nur mit einem Rad, das mittels eines am Körper befestigten Gurtzeugs hinter sich her gezogen wird. Er verspricht sich davon eine erhebliche Entlastung des Rückens. Dazu hat er einen Mountain-Bike Anhänger ein wenig umgebaut, ausgiebig in den Schweizer Bergen getestet und für gut befunden. Teil dieses Trolleys ist halt die aus zwei Alustangen bestehende Deichsel. Und diese fehlen nun.

Wir müssen nun langsam für den Flug nach Gällivare einchecken. Auch hier fragen wir nochmal nach den Stangen. Aber nix, die bleiben unauffindbar. Nur Jens Rucksack ist da. Vielleicht kommen sie mit dem nächsten Flieger? Niemand weiß es. Er soll heute Abend am Flughafen in Gällivare anrufen. Möglicherweise gibt es dann schon neue Erkenntnisse.

Nun, wir werden eh über Nacht in Gällivare bleiben. Auf dem dortigen Campingplatz habe ich im Vorfeld schon eine Hütte gebucht. Das Internet macht's möglich.

Gällivare – eine kleine Stadt und doch eine der größten in der nördlichen Region – liegt in der nordschwedischen Provinz *Norbottens Län* bzw. der historischen Provinz Lappland und 70 km nördlich des Polarkreises.

Der nördliche Polarkreis bezeichnet den Breitengrad (66° 33') auf dem am Tag der Sommersonnenwende (21. Juni) die Sonne ihre größte Mittagshöhe erreicht. Das bedeutet, dass die Sonne 24 Stunden täglich sichtbar ist. Die Dauer der Periode, in der das so ist, wächst, je weiter nördlich man sich befindet. Am Polarkreis ist das die Zeit etwa vom 12. Juni bis 1. Juli, am Nordpol vom 20. März bis 23. September. Das heißt aber nicht, dass am Polarkreis am 2. Juli wieder völlige Nacht herrscht. Ab dem 6. Juli verschwindet der obere Rand der Sonne zwar hinter dem Horizont –

es wird zwar dämmerig, aber nicht dunkel. Die Nacht stellt sich erst nach und nach wieder ein.

Jens und sein Trolley

*

Gällivare hat etwa 8500 Einwohner, einen historischen Bahnhof und ein Krankenhaus. Doch dazu kommen wir später noch.

Jens und ich gehen vom Campingplatz los, noch etwas fürs Abendbrot einkaufen – während der Taxifahrt vom Flughafen sind wir an einem Supermarkt vorbeigekommen, der sogar heute, am Sonntag, bis 22 Uhr geöffnet hat. An einem der beiden Geldautomaten von Gällivare – tja, auch die gibt es mittlerweile hier, am letzten Brückenkopf der Zivilisation - ziehe ich eine Portion Bargeld, die gleich in Brot, Wurst und Spaghetti umgesetzt wird.

Niki pflegt derweil seinen rechten Fuß. Noch 3 Tage vor der Abreise hat er sich kochendes Wasser drauf kippen lassen, mit dem Erfolg, dass sich auf zwei Zehen eine deftige Brandblase (Diagnose: Verbrennung 2. Grades) breitmacht. Der Doc zu Hause hat die Wunde fachgerecht bearbeitet und uns eine Reihe Versorgungsmaterialien (Gaze, Desinfektionszeug, Betaisodona, Schmerztabletten, Mull, Tape) mitgegeben. Nicht alles davon findet man auch in der Natur (*siehe Apotheke der Natur im Kasten*).

Zurück an der Hütte nimmt Jens nochmal Kontakt mit dem Flughafen auf. Wieder nichts Neues. Jens bessere Hälfte Sabine fragt von Thun aus am Züricher Flughafen nach und erfährt, dass das Gestänge Zürich verlassen hat und also irgendwo im Stockholmer Flughafen herumliegen muss. Hat wahrscheinlich irgendein Depp irgendwo in eine Ecke gestellt und dann vergessen. Wir müssen morgen nochmal in Stockholm nachfragen. Das heißt, wir nehmen morgen dann nicht den Bus um 9:50 Uhr, sondern erst den um 13:50 Uhr, falls das Packstück doch noch mit dem Mittags-Flieger mitkommen sollte.

Moxa wird aus einem dünnen Schwamm, der auf Birken wächst, gewonnen. Man löste diesen stets von der Südseite des Baumes. Von diesem Schwamm legt man ein erbsengroßes Stück auf [den schmerzenden Ort], entzündet es mit einem brennenden Birkenzweig und lässt es [allmählich] verglosen. (...) Dieses Mittel wird gegen alle Arten Schmerz gebraucht: Kopfweh, Zahnweh, Stechen, Magenweh, Rheuma etc. (...). [Das Allheilmittel der Lappländer]

Kattie ist eine Art Zugpflaster (...): feine, lockere Birkenrinde verbrennt man, legt sie darauf in Wasser, kaut sie hernach und mischt diese Masse mit frischem Tannenharz. Diese Mischung wird solange durchgeknetet, bis ein elastisches schwarzes Pflaster entsteht. Das ist (...) ein Mittel gegen unreife Geschwüre.

[*Salbe gegen Geschwüre* aus Feuer]: Brandsalbe macht man so: süße Sahne wird bis zum Dickwerden gekocht und auf die Wunde gestrichen. Das nimmt jeden Schmerz und heilt vortrefflich.

Adeps caninus [Hundefett], wird gerne gegen Kreuzschmerzen gebraucht.

Bibergeil [ist für sie genauso ein Universalheilmitel].

[Linné, S. 120f]

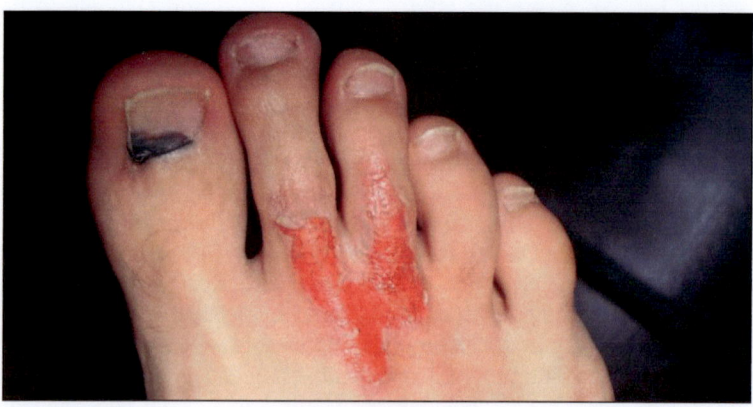

Niklas Verbrennung

...nur noch bis dahinten!

Tag 1 | 16. Juli: Komplikationen

In der Hütte ist es stickig und warm. Das Fenster darf man deswegen nicht schließen – das erlaubt den Mücken, denen wir hier anfänglich begegnen, freien Zutritt.

Frühmorgens weckt Niklas mich, steht wankend am Etagenbett, in dem ich oben liege.

„Ich glaube, irgendwas ist nicht in Ordnung", murmelt er, bewegt sich 3 Schritte in Richtung Wohnraum und bricht zusammen. Er ist für Sekunden ohnmächtig. Auf seiner Stirn sind einige beulenartige Erhebungen festzustellen, die möglicherweise von Insektenstichen herrühren.

Während Jens sich weiter um Niklas kümmert, renne ich Hilfe suchend zur Rezeption. Dort ist natürlich noch niemand.

In einer anderen Gästehütte, die der Rezeption am nächsten ist, sitzt eine ältere Schwedin auf der Terrasse. Ich gehe zu ihr und frage nach einem Arzt. Sie spricht ein paar Brocken Englisch und ruft auf ihrem Handy den Notruf an. Erst versucht sie, dem Gesprächspartner am anderen Ende etwas zu erklären, dann reicht sie mir das Handy und ich spreche selbst mit einer Dame am anderen Ende der Leitung.

Das dauert alles relativ lange. Da ich nicht weiß, wie es momentan um Niklas steht, einigen wir uns auf die Abholung per Ambulanzwagen. Das könnte aber etwas dauern, je nach Verfügbarkeit des Wagens. Zwischenzeitlich ist der Ehemann der Schwedin erschienen (spricht aber nur Schwedisch) und bedeutet mir, dass er uns mit seinem Wagen zum Krankenhaus fahren kann. Das ist das örtliche SJUKHUS – tja, so lernt man Vokabeln.

Da die Leitung zur Notrufzentrale noch steht, bestelle ich die Ambulanz wieder ab und erkläre, dass wir eigenständig kommen werden. Ich gehe vor zu unserer Hütte, wo der nette Schwede Niklas und mich einladen will. Mein Sohn liegt auf dem Bett und augenscheinlich geht es ihm zwischenzeitlich wesentlich besser.

Wie sich herausstellt, befindet sich das Krankenhaus praktisch „um die Ecke", keine 3 Minuten Autofahrt vom Campingplatz aus. Wir bedanken uns bei unserem Chauffeur und suchen die Notaufnahme auf.

Schwester Amanda nimmt sich unserer an, die Daten auf und schickt uns in die Wartezone. Niklas sieht wieder ziemlich normal aus, er fühlt sich auch wieder normal. Na, nun sind wir einmal hier, da wollen wir die Sache auch abklären lassen. Da wir ja eh den Mittagsbus nehmen wollten, kann Jens sich in Ruhe um seine Deichsel kümmern.

...nur noch bis dahinten!

Im Sjukhus geht alles seinen nordisch-gemächlichen Gang. Wir sitzen mittlerweile in einem Behandlungszimmer und warten auf den behandelnden Arzt. Der erscheint auch bald in Gestalt eines jungen Assistenzarztes, der eine Dynamik ausstrahlt, wie eine 10er-Packung Valium. Aber nett ist er und will wirklich helfen. Anton, so hat er sich uns vorgestellt, notiert alles, was wir vorbringen. Angefangen von der überhitzten Hütte, den „Stirnbeulen", der Brandblase, den ganzen Medikamenten für Niklas' Fuß bis hin zu der Tatsache, dass so ein Fall vor ca. 2 Jahren schon mal eingetreten ist. Damals hatte mein Sohn im Zuge einer Erkältung ein schwallartiges Nasenbluten, dessen Anblick ihn seitlich wegkippen und ebenfalls ohnmächtig liegen ließ. Anton fragt hier und da nochmal nach, sieht auch, dass es dem Patienten sichtlich ganz gut geht und kommt zu dem Schluss, dass es wahrscheinlich eine mentale Überreaktion sei. Der einzige Punkt, der ihn dabei stört, ist die Bewusstlosigkeit. Das möchte er doch lieber nochmal mit einem älteren Kollegen besprechen.

Jens hängt inzwischen permanent am Telefon und konferiert mit den schwedischen Flughäfen. Immerhin erfolgreich. Man hat die Alustangen tatsächlich auf dem Stockholmer Flughafen gefunden – Heureka! - und sie dem ersten Flieger heute Morgen nach Gällivare an die Tragflächen genagelt. Laut Auskunft vom *Flygplats* werden sie per Taxi zum Campingplatz gebracht. Darüber hinaus soll der Taxifahrer uns noch zum Bahnhof bringen, von wo auch der Bus nach Saltoluokta abfährt.

Anton ist wieder da. Er will sicher gehen, dass wir auf der Wanderung keine unliebsame Überraschung erleben und will ein EKG machen. Kaum ausgesprochen, wird das Gerät auch schon hereingerollt, Niklas entsprechend verstöpselt und elektronisch begutachtet.
Es ist alles in Ordnung. Die Kurven sind schön gleichmäßig und unauffällig. Anton ist zufrieden, gibt uns noch ein paar Antihistamine gegen mögliche Überreaktionen auf Mückenstiche mit und verabschiedet uns mit leidenschaftslosem, freundlichem Gesichtsausdruck.
Beruhigt gehen wir zu Fuß zurück zum Campingplatz, überqueren dabei das Gelände von „Alt-Gällivare", ein kleines Museumsdörfchen, das unmittelbar neben dem Campingplatzgelände liegt.

Jens klärt uns schnell über die neue Situation in Sachen Gestänge auf. Wir haben noch Zeit genug, die Sachen zusammenzupacken und auf das Taxi zu warten.
Das kommt schließlich auch rechtzeitig. Die Stangen liegen tatsächlich im Kofferraum, den wir gleich mit den Rucksäcken vollstopfen. Der Taxi-

...nur noch bis dahinten!

fahrer ist ein uriger Typ mit einer Stimme, die anmutet, als käme sie über die Mauer einer Lungenklinik herangeschwebt. Eine Frohnatur, laut, jovial, sympathisch.

Zum Bahnhof ist es nur eine kurze Fahrstrecke von höchstens 5 Minuten. Während wir die Straße hinunter auf den Bahnhof zu rollen, preist der Fahrer die Sehenswürdigkeit seiner Stadt mit weit ausgebreiteten Armen und einer Stimme nicht weit entfernt von einem heiseren Röcheln: „Traiiin Station – headquarter of local alcoholics!" Na, das sagt ja wohl Einiges.

*

Es folgt eine 2-stündige Busfahrt bis zur Bootsanlegestelle Kebnats am See Langas, der quasi die östliche Verlängerung des riesigen Stausees Akkajaure ist, mit einem Zwischenhalt in dem Örtchen Porjus. Es gibt reichlich blauen Himmel und Sonnenschein, der 3x die Szene beleuchtet, dass ein einsames Rentier auf der Straße vor dem Bus her trottet, der solange abbremsen muss, bis das Tier sich gnädig dazu herablässt, die Straße wieder zu verlassen und seitlich im Dickicht zu verschwinden. Mal sehen, wie viele uns in den Bergen begegnen werden. Oder auch andere Tiere. Schließlich sind in den letzten Jahren fast verschwundene Raubtiere wie Braunbären, Wölfe, Luchse und Vielfraße wieder auf dem Vormarsch. In den zahlreichen Seen und langen Küsten gibt es reichlich Süß- und Salzwasserfische, aber auch Robben und Biber tummeln sich hier. Die Zahl der Fischarten ist allerdings gering, im Gegensatz zu der der Vogelarten. Immerhin kommen viele Zugvögel zum Brüten in diese Region.

Darüber hinaus schätzt man, dass etwa 1000 Insektenarten die arktischen Regionen heimsuchen. Dabei sind die blutsaugenden Stech- und Kriebelmücken führend, die Elche und Rentiere bis zur Verzweiflung piesacken.

Der Bootsanleger in Kebnats füllt sich mit Rucksäcken und Menschen, die entweder gerade noch mit uns im Bus saßen oder mit dem eigenen Auto bis hierher gereist sind oder von einer Tagestour zurückkommen und wieder in Saltoluokta – der STF-Station am anderen Ufer - übernachten wollen.
Die Fjällstation Saltoluokta ist eine der ersten vor über 100 Jahren vom STF (Svenska Turistföreningen) errichteten Wandererhütten und zugleich die Traditionsreichste. Von hier aus sind viele Touren ins Fjäll (Gebirge) möglich, sei es entlang des Königsweges (Kungsleden) oder in die Natio-

...nur noch bis dahinten!

nalparks Stora Sjöfallet, Muddus und Sarek. Der Sarek ist unser Zielgebiet. Saltoluokta ist eine der wenigen Einstiegsmöglichkeiten in diesen besonderen Nationalpark.

Der Sarek-Nationalpark im schwedischen Teil Lapplands ist eine Gebirgslandschaft, die, untypisch für die übrigen von eiszeitlichen Gletschern bearbeiteten Berge, mit schroffen Gipfeln bis über 2000 m Höhe aufwartet. Der Sarek bildet zusammen mit den Nationalparks und Naturreservaten Muddus, Stubba, Sjaunja, Stora Sjöfallet, Padjelanta und Tjuolda das UNESCO-Weltkulturerbe „Laponia".

Nach wie vor gehört der Sarek zu den Rentierzuchtgebieten der Samen. Die zu diesem Zweck benutzten Wege der Lappländer führen naturgemäß durch zugängliche Täler in dieser alpinen Region. Die klassischen Wege führen durch das Njoatosvágge, das Guhkesvágge, das Ruohtesvágge und Guohpervágge. Rapadalen ist wegen seiner schweren Zugänglichkeit z.B. durch ausgedehnte Birkenurwälder hierzu nicht geeignet.

Der Sarek wurde 1909 auf Betreiben des schwedischen Geografen Axel Hamberg (1863 – 1933) zum Nationalpark erklärt. Axel Hamberg hat ihn über fast 40 Jahre systematisch erforscht und dank seiner Bemühungen wurde die unberührte Naturlandschaft davor bewahrt, den Ausbeutungsmachenschaften der Wasserkraftgesellschaften zum Opfer zu fallen.

Im Gegensatz zu anderen Nationalparks und Reservaten gibt es im Sarek keine Unterkünfte und keine markierten Wege, um die Zahl der jährlichen Besucher durch ein Nicht-Angebot von Annehmlichkeiten möglichst gering zu halten. Es gibt auch nur wenige Brücken, die vornehmlich für die Belange der Samen errichtet wurden. Zeitweise wurden aus der Gebietskarte BD10 der Nya Fjällkartan sogar die seit Jahrzehnten existierenden Trampelpfade getilgt.

Das Landschaftsbild ist abwechslungsreich und bietet tief eingeschnittene Täler, schroffe Gebirgsmassive und Gletscher sowie die eine oder andere Hochebene. Darüber hinaus findet man am Südrand des Parks – allerdings (noch) außerhalb der Nationalparkgrenze - das einzigartige Naturschauspiel des malerischen Deltas des Flusses Rapa (Rapaätno, mit ätno = grosser Fluss, Strom). Vom (ungesicherten) Rand der 700 m senkrecht abfallenden Südflanke des Berges Skierffe hat man einen unvergesslichen Blick auf das Delta und das eiszeitliche Trogtal Rapadalen.

Die STF-Station Saltoluokta wird von einer Mannschaft junger Menschen – meist Studenten - geführt. Man kann sich beim STF um einen Semesterferienjob in einer der bewirtschafteten Hüttenstationen bewerben.

Die jungen Leute sind völlig unkompliziert. So habe ich bei der Reisevorbereitung angefragt, ob ich zwei Postpakete mit Proviant an die Station vorausschicken darf. Das sei alles kein Problem, hieß es, ich solle nur drauf schreiben, wem die Pakete gehören, damit sie auch richtig ausgehändigt werden können. So haben wir zwei Bananenkartons prall voll mit Lebensmitteln und Spiritus (den man im Flugzeug ebenso wie Gas nicht transportieren darf) mit gelber Post nach Saltoluokta geschickt.

Julia, mit der ich diesbezüglich im Vorwege per E-Mail kommuniziert hatte und die ich heute tatsächlich persönlich kennenlernen darf, führt Niklas und mich hinunter in den Keller und händigt uns die beiden Bananenkartons aus.

Draußen, auf einer Holzplattform direkt neben dem Hauptgebäude, breiten wir uns majestätisch aus. Es ist verdammt viel Zeug in den beiden Kartons. Naja, insgesamt fast 40 Kilo Lebensmittel und Brennspiritus beanspruchen schon einigen Platz.

Wir benötigen fast 3 Stunden, bis alles verteilt, verpackt und aufgeräumt ist. Das meiste schwere Zeug kommt auf Jens' Kutsche. Aber es ist wie immer: das angepeilte Maximalgewicht wird auch dieses Mal wieder übertroffen. Ich hatte gehofft, in diesem Jahr zwischen 30 (haha) und 35 kg herauszukommen und für Niklas hatte ich eine Höchstgrenze von 25 kg erwartet. Natürlich ist es wieder anders: Niklas Rucksack wiegt schon stattliche 32 und meiner satte 38 kg. Jens Schlitten haben wir in der Form nicht an die Waage hängen können, die unter dem Vordach vor der Haupttür des alten, traditionsreichen Stationsgebäudes hängt, aber auch hier wird es sich um die 40-kg-Marke drehen.

An dieser Stelle wird es Zeit, ein Wort über die geplante Route zu verlieren. Ich hatte lange über eine schöne Strecke nachgedacht, die Karte BD10 an die Wand genagelt, mit dem Kilometerzähler Strecken abgefahren und verdächtig dicht beieinander liegende Höhenlinien kritisch beäugt. Das Ergebnis war eine etwa 130 km lange Route, die in Saltoluokta beginnen und in Kvikkjokk enden sollte. Am Anfang sollte es per Motorboot über den Sitojaure gehen, von dessen westlichem Ufer durch das enge Basstavágge, danach vorbei an einem der schönsten Gletscherseen im Sarek, dem Bierikjavrre, bis zur Mikkastugan im Herzen des Parks. Danach durchs Alggavágge bis fast zu dessen Ende im Westen, dann aber abbiegen nach Süden durch das Niejdariehpvágge, kreuzen des Sarvesvágge und Aufstieg auf die Hochebene Luohttoláhko. Ab hier sollte es eng werden, nämlich wieder Richtung Norden hinunter von 1300 m auf gut 800 m durch das Noajdevágge; scharfe Rechtskehre abermals nach Süden durch das Lullihavágge bis an den Fuß des Massivs Skájdetjahkka. Von hier aus waren 3 Tagestouren in die Umgebung geplant, bevor nach

Teilumrundung des Boarektjahkka und Passieren der Samensiedlung Boarek der Königsweg erreicht werden würde. Diesem wollten wir die letzten Kilometer bis Kvikkjokk folgen und von dort mit Bus/Bahn zurück nach Gällivare gelangen (s. Skizze auf Seite 10).

Allein, es sollte anders kommen. Warum, das erfährt der geneigte Leser in der Beschreibung der zweiten Etappe.

Vorausgeschickte CARE Pakete

...nur noch bis dahinten!

Tag 1 | 16. Juli: Saltoluokta bis Baumgrenze

Das Wetter ist bombastisch gut. Endlich kann es losgehen. Nach Wochen der Planung und mehreren Jahren der Entbehrung fiebere ich den ersten Schritten entgegen wie beim ersten Mal. Ich bin wieder hier. Nichts scheint sich verändert zu haben. Ich schließe die Augen, atme tief ein. Die klare Nordlandluft versetzt mich in einen Zustand der Euphorie. Der Geruch der altgedienten Ausrüstung, den man einfach nicht wegwaschen kann, weckt Erinnerungen und Erwartungen zugleich. Hamsun könnte es überschwänglich so beschrieben haben: *ich bin benebelt vor Glückseligkeit.*

Jemand, der noch nicht das Glück hatte, die Natur auf diese Art zu erfahren, kann es sicherlich kaum nachvollziehen, dass ich mich auf eine entbehrungsreiche und kräftezehrende Zeit tatsächlich freue.

Die Reise beginnt! Die erste Etappe führt durch Nadelwald mit kräftigen alten Bäumen. Der Weg ist hier in näherer Umgebung der Station breit ausgetreten. Diese erste Etappe, die auch gleich über ca. 430 Höhenmeter auf einer Strecke von knapp 4 km ständig bergauf führt, ist schweisstreibend. Da wir uns auf einem sehr niedrigen Niveau befinden – nur etwa 400 m über NN – sind die Temperaturen bei dem herrlichen Wetter dementsprechend hoch. Das ruft auch gleich das blutrünstigste Monster der nördlichen Hemisphäre auf den Plan: die Mücke!

> *Vorher war man von den Mücken genug belästigt worden, nun kam in Menge eine Art winziger Fliegen. Das unangenehmste war, dass sie einem ins Gesicht krochen und Nase, Mund und Ohren füllten. Sie wichen nicht, und wenn sie sich ans Beißen machten, konnte man blasen wie man wollte. Heißen auf lappisch mokkere, ihr Kopf ist ganz klein, knort auf schwedisch, sie bedeckten, die linnenen Kleider, so dass diese ganz schwarz wurden, sich von ihnen zu befreien war unmöglich.*
>
> *[Linné, S. 190]*

Wegen Rücksichtnahme auf die Schulferien von Niklas mussten wir leider in den sauren Apfel beißen und die Reisezeit in den Sommer legen, der Hochzeit der Mücken.

Nach kaum 100 Metern stelle ich fest: ich tue mich schwer. Meine Muskeln sind total schlapp. Monatelang überhaupt keinen Sport zu treiben, kann man nicht mit einer Hand voll Probeläufen von 1-2 Stunden mit

Gepäck ausgleichen. Das rächt sich jetzt bitterlich. Ich muss alle 50 Meter verschnaufen. Und was macht der Sohn?

Niklas kommt ganz gut zurecht mit seinem Gepäck, trotz des deutlich höheren Gewichts als geplant. Trotzdem glaube ich schon jetzt Begeisterung für diese einzigartige Landschaft in seinem Gesicht zu lesen. Er hält problemlos Schritt mit Jens, der alten Bergziege, der sowieso fit ist. Die beiden schaffen so einen Abstand zu mir, den ich selbst bis in die letzten Tage kaum verringern kann.

Immerhin sorgt der wolkenlose Himmel für leuchtend blaue Seen umgeben vom frischen Grün der Birken- und Nadelwälder. Von unserem erhöhten Standort, jetzt oberhalb der Baumgrenze, sind die Ausblicke zurück auf den See Langas und den Pietsaure mit den umliegenden Bergen – z.B. der Lulep Gierkav zwischen ihnen und der Juobmotjåhkkå im Hintergrund - überwältigend.

An einem kleinen Bach bauen wir das Zelt auf. Endlich! Ich bin total im Eimer – und das nach nur wenigen Stunden. Die Energie reicht gerade mal für eine Katzenwäsche. Ich bin gespannt, wie das wohl weitergehen wird. Hoffentlich sind es nur wie üblich die ersten ein oder zwei Tage, die so quälend sind und insbesondere den Schulter- und Nackenbereich betreffen. Möglicherweise bin ich auch einfach schon zu alt für diesen Scheiß – wer weiß?

Es hat sich seit heute Morgen merklich abgekühlt. Von den tagsüber herrschenden knapp 20° sind nunmehr nur noch deutlich weniger als 10° übrig geblieben. Und das, obwohl es noch immer taghell ist. Von „Nacht-kühle" kann man also nicht sprechen. Natürlich kommt die Sonne im Lauf des Tages dem Horizont immer näher und je nachdem wie weit nördlich man sich befindet und wie weit fortgeschritten die Periode der Mitternachtssonne ist, verschwindet sie hinter ihm oder auch nicht.

Für Niklas war dieser erste Tag ein bleibendes Erlebnis. Auch wenn es gleich mit Mückenangriffen begann. Glücklicherweise konnten wir im Shop der Station ein lokal bekanntes Mückenspray und einen Stick vom selben Hersteller erwerben. Auf der Habenseite konnten der gnadenlos blaue Himmel und der Blick zurück auf den See und die umliegenden Berge alles Negative ausgleichen.

Mit Niklas Fuß war auch alles im grünen Bereich. Sogar mein Knie, an

...nur noch bis dahinten!

dem ich Ende März eine Meniskusoperation hatte machen lassen, verhielt sich ruhig. Ich hatte null Beschwerden – trotz des großen Rucksackgewichtes und des ständigen Bergaufgehens. Hoffen wir, dass es so bleibt wird.

Das heutige Abendbrot setzt sich zusammen aus Salami, Knäckebrot, Müsliriegel und Tee. Anschließend begeben sich die Expeditionsteilnehmer geschlossen und unverzüglich in die Horizontale. Schließlich war die erste Etappe – in Verbindung mit der Busfahrt und allem anderen – anstrengend genug.

Blick zurück auf den See Langas

Tag	Strecke km	Meter auf + ab	Start Level	Ende Level	Gipfel, Flüsse, Seen am Wegesrand
1	4	325	375	700	Saltoluokta Fjällstation Abzweig zum Pietsaure Ahutjkarsa (600 m) Autsutj-jakka Lulep Kierkau (1139 m)
Kumulierte Werte	4	325			

...nur noch bis dahinten!

Tag 2 | 17. Juli: Baumgrenze bis kurz vor Sitojaure

Der neue Tag beginnt, wie der vorige endete: mit eitlem Sonnenschein. Aber man kann kaum von einem „neuen" Tag reden, denn eigentlich hat der Letzte gar nicht aufgehört. Dank der Mitternachtssonne ist es zu dieser Jahreszeit rund um die Uhr taghell.

Dieses freundliche Ambiente und eine laue Brise, die die Mücken fernhält, sprechen dafür, das Frühstück unter freiem Himmel einzunehmen. Wir machen es uns auf dem Wacholdergesträuch, das hier flächendeckend wächst, gemütlich und schaufeln das obligatorische Müsli zum Aufwärmen und anschließend noch etwas Knäckebrot mit Honig in uns rein. Ohne Eile – schließlich haben wir ja Urlaub - genießen wir die Situation, bevor gemächliches Rucksackpacken einsetzt.

Mittlerweile taucht dann doch die eine oder andere Wolke auf und so starten wir bei sonnigem, teilweise bewölktem Himmel. Nach den gut 4 km von gestern liegen noch etwa 16 km bis zum Sitojaure vor uns. Noch gibt es ein Handy-Netz und so rufe ich bei Erik-Ivar Kallok an, einer der beiden am Sitojaure ansässigen Samen, die Boottransfers über den See nach Rinim anbieten, das an dessen nordwestlichem Ende liegt.

Die Verbindung kommt zustande und wir kündigen uns für den frühen „Abend" an. An den meisten großen Seen, „über" die die markierten Pfade führen, gibt es während der Saison die Möglichkeit, eine Motorbootpassage zu bekommen. Außerhalb der Saison im Herbst oder Herbst/Winter, wenn die Seen noch nicht zugefroren sind, sieht es damit schlecht aus und dann **muss** man rudern (soweit der STF an diesem See Ruderboote bereitgestellt hat). Ansonsten kann man das Pech haben, plötzlich ein großes, natürliches Hindernis umgehen zu müssen. So haben sich die Samen auf zusätzliche Erwerbszweige eingeschossen. Es leben längst nicht mehr alle Samen von der Rentierzucht.

Die Sami sind das Urvolk Lapplands. Sie bewohnen heute den nördlichen und zentralen Teil der skandinavischen Halbinsel. Sie wurden und werden oft bezeichnet als "Lappen" oder "Lappländer". Der Ursprung der Bezeichnung „Lappe", die von jeher auf die äußere Erscheinung der Vertreter dieses Volksstamms zurückgeht, liegt tatsächlich im Dunkel. Je nach Alter und Herkunft verschiedener Quellen wird von „Lappen", „Samen", „Sami" oder auch „Lappländer" gesprochen. Die Samen selbst nennen sich auch *Sameh*, was soviel wie „Moor"- oder „Sumpfleute" bedeuten soll. Was alle Quellen unisono herausstellen, ist, dass die Samen

...nur noch bis dahinten!

die Bezeichnung „Lappen" für ihr Volk als abfällig und herablassend empfinden. Manche Deutungen gehen sogar so weit, dass diese Empfindung abhängig ist von Tonfall und Betonung des Wortes. Letztendlich ist die Herkunft des Begriffs „Lappe" tatsächlich nicht zweifelsfrei geklärt.

Je nach vorherrschendem Lebensraum unterscheidet man zwischen Bergsami, Seesami, die vor allem in Norwegen vom Fischfang leben und den Waldsami. Dann gibt es noch die Finnmarksami in Nord-Norwegen und die Gruppe der Skoltsami, die in der Nähe des finnischen Inari-Sees und in Russ-

> *Das Wort Lappe kommt von den Lappenkleidern, [weil ihre Kleider gewöhnlich aus Lappen bestehen].*
> *[Linné, S. 195]*

land leben. Heute gibt es noch ca. 70 000 Sami in ganz Finnland, Norwegen, Schweden und Russland zusammen.

Die Sami lebten ursprünglich als Nomaden und waren ausschließlich Jäger und Sammler. Die Rentierhaltung bzw. Züchtung ist erst ab etwa 800 n. Chr. belegt und ab etwa 1500 gab es schon fast keine Wildrene mehr. Heute können nur noch 10 % aller Sami von der Rentierzucht und vom Fischfang allein leben. Dennoch ist die Rentierhaltung ein wichtiger Beruf, mehr noch, er ist heutzutage ein Lebensstil und damit wichtiger Teil der samischen Identität.

> *Die Waldlappen schießen gut, aber die Berglappen nicht so, jedoch erlegen sie trotzdem ziemlich viel Wintereichhörnchen mit dem Bogen.*
> *[Linné, S. 168]*
> *Die Lappen schießen heutzutage nicht mehr mit dem Bogen, sondern mit Blei in gezogener Büchse, nicht mit Schrot.   [Linné, S. 68]*

Die Sami betreiben eine schamanische Religion. In ihrer Auffassung ist die Natur beseelt und lebendig und so bringen sie z.B. Steinen, Felsen und Seen Opfergaben an sog. *Seitas*, wie die Opferstätten genannt werden, dar. Im Schamanismus der Sami kommen der Zaubertrommel und dem Joiken (samischer Gesang) zentrale Bedeutung zu. In religiösen Zeremonien befragt der Schamane die Zaubertrommel und joikt bis zur Ekstase. Auf diese Weise kann er in das Reich der Toten und in die Zukunft sehen.

Mit dem Joik besingen die Samen Menschen, Tiere und Naturphänomene. Man joikt *nicht über* etwas, man joikt eine Person, einen Berg, einen Fluss, einen schönen Naturplatz und drückt so seine Gefühle zu diesem Wesen oder Naturwesen aus. Diese Musik wird nicht komponiert, es gibt sie einfach. Joiken ist ein Teil aus der vorchristlichen Zeit der Sami, er ist Teil des Lebens. Man kann den Joik nur teilweise als improvisatorischen Gesang bezeichnen – er existiert einfach und passt sich der Stimmung und der Landschaft an.

Die Tracht der Sami ist ein wichtiges Symbol für ihre Identität und Zugehörigkeit. An der Form und Farbe erkennt man, aus welcher Gegend die

Flagge Sapmis

Sami stammen. Auffallend sind die leuchtenden Farben (grün/ blau/ rot/ gelb) des Tuches, aus dem die Tracht genäht wird. Diese Farben, die „Nationalfarben" finden sich in der seit 1992 eingeführten Flagge Sapmis wieder. Die Farben symbolisieren verschiedene Elemente im Leben der Sami. **Grün** steht für die Natur und Pflanzen, die entscheidend zum Überleben beitragen. **Blau** steht für das Wasser, ohne das nichts leben kann. **Rot** steht für das Feuer, das Wärme spendet und das Symbol der Liebe ist. **Gelb** stellt die Sonne dar, die für Langlebigkeit steht. Der Kreis symbolisiert die magische Trommel.

*

Die Katastrophe ereilt uns bereits nach ca. 2 km. Jens – wie immer etwas voraus – schert plötzlich seitlich vom Weg aus. Als Niklas und ich näher kommen, teilt er uns etwas geknickt mit, dass das „Trolley-Experiment" gescheitert sei. Eine der beiden Deichselstangen aus Aluminiumrohr ist gebrochen – fast ganz durch – so dass man die Apparatur so nicht weiter benutzen kann.

Nun steht eine Planrevision der Tour an. Jens möchte das Gefährt am Ende gerne wieder mit nach Hause nehmen. Das bedeutet aber, dass wir nicht wie geplant nach Kvikkjokk gehen können, sondern wieder in Saltoluokta herauskommen müssen (vgl. Skizzen auf S. 10).

Den Karren deponieren wir hier, etwa 50 m abseits des Weges an einem kleinen Wasserlauf, in direkter Linie zu einer auf der Karte eingezeichneten Hütte im Bereich des Flusses Avtsusjjåhkå. Wir merken uns die Stelle gut – sowohl in Natura, als auch auf der Karte-, denn wir wollen das Gerät in knapp 3 Wochen wiederfinden und einsammeln.

Jens geht nunmehr „klassisch", d.h. mit dem Rucksack auf dem Rücken weiter. Der Weg zieht und zieht sich wie Kaugummi. Ich merke, wie ich immer mehr abbaue. Selbst nach einer 1-stündigen Pause zwischendurch tut sich bei mir nix mehr.

Ganz anders Niklas – der ist gut dabei. Jaja, die Kraft der Jugend. Ich bin momentan das schwächste Teammitglied. Chapeau vor meinem Sohn. Anlass zu Depressionen gibt es allerdings nicht. Ich stelle mir Altersgenossen aus dem Freundes- und Bekanntenkreis an meiner jetzigen Stelle vor, während ich mich ächzend wieder aufrichte – und prompt geht es mir wieder gut. Manchmal ist so'n Motivations-Psychoscheiß echt klasse!

Mittlerweile haben wir den Rand der Hochebene erreicht, von dem aus wir auf den Sitojaure heruntersehen können. Und damit einen Punkt, von dem aus wir nur weiter gehen können, weil kein fließendes Wasser in der Nähe ist. Wir befinden uns in direkter Nähe des Berges Tjirák (1003 m). Von hier aus geht es abwärts – hinein in den Birkenwald. Bis zum See werden wir es heute nicht mehr schaffen. Niklas ist inzwischen auch fertig. Ich selbst kann keine 50 m mehr am Stück gehen. Dann brauche ich eine kurze Verschnaufpause. Wieder ein Stück. Pause! Füße, Schultern, Steiß, Beinbizeps – „alles inne Fritten".

Knapp 2 km vor der Sitojaurestugorna kreuzen wir einen Bach. Mit einem Zeltplatz im Wald. Eine Seltenheit. Hier bleiben wir. Kaum, dass wir stehen geblieben sind, hüllt uns eine Mückenwolke ein. Trotz aller momentanen körperlichen Defizite wird das Zelt in Rekordzeit aufgebaut, alles Wichtige und zum Schluss wir selbst hineingeworfen. Die Zelteingänge werden verschlossen und es wird aufgeatmet. Doch vor der Ruhe muss eines noch erledigt werden: das Mückenschlachten. Drecksviecher. Gesocks. Nur eine tote Mücke ist eine gute Mücke.

So traurig es ist: die surrenden Sauger sitzen am längeren Rüssel. Es bleibt uns nichts Anderes übrig, als im Zelt zu kochen. Andernfalls würden uns die blutgierigen Bestien bis auf den letzten Tropfen aussaugen. Keiner kann sich richtig rühren. Ich vegetiere still vor mich hin, kaum fähig, irgendeinen Körperteil zu bewegen. Nach bisher zwei herrlichen Wanderungen in diesen Gefilden mit Jens, gebe ich mich der berechtigten Hoffnung hin, dass er tradierte Verhaltensweisen fortführen und die Kelle in die Hand nehmen wird. Außerdem weiß ich, dass seine Hungerschwelle deutlich unter meiner liegt. Um guten Willen zu zeigen, puhle ich liegenderweise eine Flasche Spiritus aus meinem Rucksack, reiche sie rüber und lasse mich demonstrativ entkräftet zurückfallen – den sterbenden Schwan mimend. Auch Niklas scheint in ein kurzfristig anberaumtes Koma gefallen zu sein.

Zuverlässig wie ein Schweizer Uhrwerk spult der Eidgenosse die Kochnummer ab und kredenzt schließlich irgendeine dösige Nudelsuppe aus dem reichhaltigen Trockenfutterfundus. Dazu wird Salami am Stück an Restknäcke gereicht. Na, wenn das nicht wieder auf die Beine hilft... Allerdings soll der opulente Riegel Schokolade zum Nachtisch nicht verschwiegen werden.

In einer stillen Minute wundern wir uns über das Rauschen der Autobahn im Hintergrund. Autobahn? Hier? Natürlich nicht! Das ist das Summen der Mückenschwärme. Ich erinnere mich deutlich an den „Grenzpfad von Troms" – eine Wanderung mit Oliver hoch zum Treriksröset (Drei-Reichs-Grenzstein), viel weiter im Norden. Dort hatten wir einen Zeltplatz in Flussnähe, am Anjavasselva. Bei strahlendem Sonnenschein prasselten die Mückenleiber wie Regentropfen auf die in der Hitze gespannte Zelthaut. So, als wenn sie zum Angriff geblasen hätten und versuchten, die Zeltwand kamikazeartig zu durchdringen.

Von der Anstrengung der Essensaufnahme nunmehr völlig entkräftet, liegen wir einfach da und jeder verdaut mehr oder weniger still vor sich hin.

Blöd ist, wenn man nochmal pinkeln muss. Dann heißt es: Zelteingang öffnen – schnell rausrobben – und Zelteingang wieder schließen. Beim Wasserabschlagen aufpassen, dass die surrende Brut einem nicht in den Schniedel sticht.

Scheiße ist, wenn genau *das* ansteht: nackte Beine und mehr – eine Einladung zum Festmahl. So viele Hände zur Verteidigung hat kein Mensch. So führt uns jeder Stuhlgang die Machtlosigkeit des Menschen gegen die Naturgewalten nachdrücklich vor Augen und belohnt uns regelmäßig mit einer erklecklichen Anzahl von Stichen, auf dass wir uns immer daran erinnern mögen. Aber vielleicht sind wir doch nicht ganz so machtlos und können etwas tricksen (*s. Tipps: Mücken*).

Nachdem das geschäftliche erledigt ist, geht's zügig wieder ins Zelt. Eingang auf – ermatteter Körper rein – Eingang zu. Bei dieser – und der vorherigen – Gelegenheit widerrechtlich eingedrungene Mücken müssen im Sinne einer ungestörten Nachtruhe gnadenlos eliminiert werden (*s. Tipps: Mücken*). Hoffentlich muss keiner mehr raus.

Die Helligkeit der „Nacht" ist ein ganz besonderes Erlebnis. Wenn man es nicht selbst erlebt hat, kann man sich das Phänomen der Mitternachtssonne nicht wirklich vorstellen. Manch einer tut sich dann schwer, bei leuchtend hellem Zelthimmel einzuschlafen. Auch ich bastele mir zuweilen aus einem Mützenschal eine Augenbinde, um besser einschlafen zu können. Heute allerdings nicht. Ich bin tot wie tausend Mann. Schau'n mer mal, was der morgige Tag bringen wird.

...nur noch bis dahinten!

Blick voraus auf den Sitojaure und zurück auf den See Langas

Tag	Strecke km	Meter auf + ab	Start Level	Ende Level	Gipfel, Flüsse, Seen am Wegesrand
2	14	150	700	630	Maskostjakka (1420 m) Sjaksjo (1250 m) Autsutj-jakka Tjirak (979 m)
Kumulierte Werte	18	475			

...nur noch bis dahinten!

Tag 3 | 18. Juli: Sitojaure bis Rengärde vor Aktse

Ein schöner Morgen. Es ist sonnig und teilweise bewölkt. Myriaden von Mücken sind allgegenwärtig. An unserem Zeltplatz haben Vorgänger eine Feuerstelle in Form des üblichen Steinkreises eingerichtet. Wir machen ein Feuer und hoffen, mit dem Rauch die Mücken zu vertreiben. Das gelingt leidlich. Nach der Morgenroutine räumen wir den Lagerplatz auf und machen uns davon.

Wir sind gestern weiter gekommen, als wir dachten. Schon nach einer Viertelstunde stehen wir am Ufer des Sees Sitojaure. Und wir haben Glück: es liegen 2 Ruderboote an unserem Ufer. Das heißt, wir brauchen nur einmal zu rudern; und das bei einer Ruderstrecke von 4 km, die durch – wie wir noch feststellen werden – gut getarnte schwarze oder anders dunkelfarbige Plastikkanister als Bojen markiert ist.

Auch an diesem See, über den eine vom STF versorgte Wanderroute führt, liegen Ruderboote bereit. Insgesamt 3 Stück, von denen an jedem Ufer mindestens eins liegen muss. Das ist die Regel, an die sich alle, die die Boote benutzen wollen, halten müssen. Daraus folgt unmittelbar, dass derjenige, der den See erreicht und nur ein Boot an seinem Ufer vorfindet, insgesamt den See dreimal überqueren muss: das erste Mal mit dem vorhandenen Boot hin, das zweite Mal mit einem Boot in Schlepp wieder zurück und das dritte Mal erneut mit einem Boot hin. Manchmal hat man Glück und am anderen Ufer möchte jemand in die Gegenrichtung rudern, wenn man gerade ankommt. Dann hätte man zwei kräftezehrende Partien gespart.

Das Beladen des Bootes gestaltet sich als nicht-triviale Aufgabe, da es wegen der hohen Gesamttonnage, die wir einbringen, vorher ein Stück weit ins Wasser geschoben werden muss. Erst dann kann der Großteil des Gepäcks über die Bordwand gewuchtet werden. Dass man dabei auf einzelnen spitzen Felsen oder rutschigen Holzstämmen, die als Anleger fungieren und ins Wasser ragen, balancieren muss, erleichtert die Sache nicht gerade. Nun, mit einiger Anstrengung meistern wir diese Hürde schließlich und wollen das Containerschiff – Zuladung = ca. 330 kg – mal so richtig in Fahrt bringen.

Der technische Zustand der Ruderaufhängung ist unter aller Kanone. Die Ruder sind „irgendwie" mit Tampen (!) an senkrecht an der Reling angebrachten kurzen Holzplanken gebunden und dazu noch ungleichmäßig lang und locker. Eine ordentliche Führung der Ruder ist quasi unmöglich. Dementsprechend unrund verlaufen die ersten Meter.

...nur noch bis dahinten!

Ruderbefestigung

„Lass uns probieren, mit 2 Leuten gleichzeitig zu rudern: einer links, einer rechts", schlägt Niklas vor. Okay, dieser erste Vorschlag wird von Jens und Niklas umgesetzt. Wegen der ungleichen Länge der Ruderteile, die ins Wasser ragen und der miesesten aller Arten, die Ruder an der Reling zu befestigen, muss der Versuch bereits nach wenigen Minuten als gescheitert angesehen werden.

„Wir paddeln", sage ich. „Wie im Drachenboot! Wir haben 3 Ruder an Bord, da kann jeder anpacken."

Aber auch diese Methode ist nicht gerade der Brüller. Um ehrlich zu sein, sie funktioniert noch schlechter als die Galeerenvariante.

„OK, rudere ich allein. Aber ihr müsst mich ablösen", meint Jens schließlich. Es stellt sich heraus, dass diese Lösung die Beste ist. Ab und zu greife ich kurshaltenderweise mit dem überzähligen dritten Ruder vom Heck des Bootes in das Geschehen ein.

Wie erwähnt haben wir leichte optisch-sensorische Probleme, die (dunklen) Bojen auf dem (dunklen) Wasser auszumachen. Wen wundert's, dass wir prompt in die völlig falsche Richtung loszuckeln. Es dauert auch nicht lang, bis uns ein lauter Ruf vom Ufer darauf hinweist. Jemand aus der hier etablierten Samensiedlung bringt uns auf den richtigen Weg. Wir eiern mit den unzulänglichen Gerätschaften über die kilometerlange Ruderstrecke – und kommen auch irgendwann am anderen Ufer an, wo es prompt zu regnen beginnt.

An diesem Ufer gibt es ein Vindskydd, eine spartanisch eingerichtete Schutzhütte. Hier legen wir kurzerhand eine Teepause ein. Da wir inzwischen schon festgelegt haben, den Rückweg abweichend von der ursprünglichen Planung wieder über den Sitojaure zurück nach Saltoluokta zu nehmen, wollen wir zumindest ein wenig Last hier als Depot zurücklassen und auf dem Rückweg wieder einsammeln. So lassen wir einige Lebensmittel (u.a. eine

> *Kurios war das Verschneiden der Rentiere. Der Hausvater lässt das Ren, sobald es zweieinhalb Jahre alt ist (...) an einem Horn halten, kriecht zwischen die Schenkel des Tieres und beißt mit den Zähnen in dessen Hoden, doch gerade so, dass die Haut nicht verletzt wird, denn sonst stürbe das Ren. Dann drückt er die Stelle ein wenig mit den Fingern zusammen und ebenso auf der anderen Seite, wobei das Ren nicht mit den Füßen tritt. (...) Ich halte das für einen interessanten und bemerkenswerten Kunstgriff(...).* [Linné, S. 154]

Salami) und das nunmehr nutzlose Werkzeug für Jens' Trolley gut verpackt und vor neugierigen Blicken unter der auf Felsen aufgebockten Hütte an dessen Rückseite zurück.

Der Regen wird stärker und wir üben uns im Abwarten. Schließlich lässt er doch nach und wir bereiten uns auf den Weitermarsch in Regenjacken vor. Ist aber nicht notwendig, denn es hört dann doch ganz auf. Allerdings legen wir vorsichtshalber Rucksackhüllen an, falls weitere Schauer folgen sollten.

Der Weg ist Scheiße. Viele Steine, die kreuz und quer liegen. Weite Strecken führen über Bohlenpfade, die teilweise von Weiden und Birken überwachsen sind und die in ihrer Hartnäckigkeit das eine oder andere Mal den Wanderer fast vom Bohlenpfad drängen, der an vielen Stellen bis zu 1 m über dem Geröll verläuft.

Die Mücken sind auch hier zahlreich vertreten. Sobald man stehen bleibt, um kurz zu verschnaufen, wird man gleich eingehüllt in eine Wolke dieser Blutsauger. Grauenvoll!

Es folgen etwa 100 sehr steile Höhenmeter knapp rechts an dem 939 m hohen Peak Martevárásj vorbei auf die etwa 4 km breite Hochebene vor dem Laitaure. Linker Hand, etwas abseits des Weges, ist ein Rentiergehege, mit einem kreisrunden Symbol auf der Karte eingezeichnet und mit Rengärde beschrieben. Das gab es schon, als ich vor 30 Jahren mit Oliver hier lang ging und wird scheinbar noch immer genutzt. Wahrscheinlich, um die Rentiere zu markieren oder zu kastrieren. In direkter Umgebung unterhalb des Geheges ist ein Wasserlauf eingezeichnet, die einzige Wasserquelle hier oben. Ich bin schon ziemlich erschöpft und bin froh, dass wir uns für diesen Lagerplatz entschieden haben.

Leider ist der Wasserlauf trocken und auf der gesamten Ebene gibt es kein weiteres fließendes Oberflächenwasser. Stattdessen liegen hier 3 kleine Tümpel glitzernd im Sonnenlicht, allerdings ohne Zu- oder Abfluss. Also stehendes Wasser. Immerhin ist es nicht brackig, sondern vordergründig klar. Um den Schweiß vom Körper zu spülen soll es genügen. Und ein Tee mit abgekochtem Wasser wird uns auch nicht umbringen.

> *Bei ihren Wohnplätzen sind die Lappen stets darauf bedacht, dass sie frisches Wasser aus guten, kalten Springquellen zur Verfügung haben.* [Linné, S. 64]

Das Zelt steht in wenigen Minuten. Eine Badesession vor dem Abendessen macht bestimmt wieder munter. Einer der Tümpel nimmt unsere verschwitzten nackten Körper bereitwillig auf, nicht ohne den sandigen Grund aufzuwirbeln, als wir hineinstürzen.

Ich sehe meinem Sohn an, dass diese Art des Badens in freier Wildbahn ganz nach seinem Geschmack ist und offensichtlich macht es ihm Spaß. Er genießt wie wir anderen auch das Gefühl der Freiheit, das dabei aufkommt.

Die weite Ebene strahlt im Sonnenlicht. Gelegentlich haben sich Cumuluswolken gebildet. Von mäßiger Mächtigkeit, was darauf schließen lässt, dass es wahrscheinlich trocken bleiben wird. Die Luft ist klar und man kann unheimlich weit sehen.

Der See Laitaure in Marschrichtung, an dem die Station Aktse liegt, verbirgt sich vor unseren Blicken im nächsten Tal, aber die Berge dahinter sind klar zu sehen. Natur pur – sonst nix! Keine Straßen, Häuser, Strommasten oder Ähnliches. Und kein Mensch weit und breit, der dieses Bild stört.

...nur noch bis dahinten!

Tümpel in der Hochebene

Wir gönnen uns heute Bratkartoffeln mit Salami und nehmen das exquisite Mahl draußen unter freiem Himmel zu uns. Eine leichte Brise hält die Mücken auf Abstand. Es hat nicht wieder geregnet seit wir das Vindskydd verlassen haben.

Tag	Strecke km	Meter auf + ab	Start Level	Ende Level	Gipfel, Flüsse, Seen am Wegesrand
3	6	310	630	940	Sitojaurestugorna Fjällstation Kablajaure (Rudern 4 km) Vindskydd Kablajaure Martevaratj (939 m) Rengärde 3-Tümpel-Platz
Kumulierte Werte	24	785			

...nur noch bis dahinten!

Tag 4 | 19. Juli: Rengärde bis 2-Brücken-Platz

Es ist kühl draußen, d.h. außerhalb des Schlafsacks. Es besteht keine Notwendigkeit, vor dem Wachwerden aufzustehen. Oder war es andersrum? Na egal, auf jeden Fall verspürt niemand so richtig Lust, den beständig mit warmer Luft angereicherten Poofbeutel zu verlassen. Und plötzlich befindet man sich zwischen Skylla und Charibdis, ausgelöst durch morgendlichen Pippidruck. Die Optionen sind: es <u>entweder</u> warm laufen zu lassen (nur eine theoretische Option) <u>oder</u> sich kurz aufraffen - raus aus dem Zelt - und zurück in den Sack. Wenn man muss, dann muss man.

Das Frühstück muss heute im Zelt eingenommen werden – wegen der Mücken. Schlafen die denn nie?

Ich komme heute ganz gut in Gang – kein Vergleich zu den ersten Tagen. Die waren die reinste Quälerei, besonders gestern die letzte Steigung auf die Hochebene.

Wir wollen heute bis Aktse, über den Laitaure rudern und am jenseitigen Ufer vielleicht noch etwas weiter laufen. Dort führt die weitere Strecke ca. 8 km durch Wald, wobei man die 540 m Höhenlinie kaum verlässt. Anschließend, wieder oberhalb der Baumgrenze, sind es dann noch etwa 4 km bis zum Vindskydd Rittak (Höhe etwa 820 m). Und noch einen Kilometer weiter gibt es eine (Sommer)Brücke über den Jåkkejågásj, ein Wasserlauf, der quasi von der Ijvvárláhko-Hochebene aus dem Sarek kommt und bis in den Tjaktjajaure fließt. Auf diesen See, und insbesondere auf sein westliches Ende mit einigen Inseln und Halbinseln, hat man vom erhöhten Standpunkt oberhalb der Baumgrenze kurz vor Rittak einen wunderschönen Blick. An der Brücke über den Jåkkejågásj werden wir den Kungsleden verlassen und dann quer in den Sarek vorstoßen. Soweit der Ausblick auf die nächsten beiden Tage.

Aber noch sind wir auf der Hochebene auf dem Weg nach Aktse. Wir sind noch nicht lang unterwegs, als uns ein kurzbehoster Jüngling forschen Schrittes überholt und freundlich grüßt. Ihn sollten wir noch wiedertreffen.

Der weite, unverstellte Blick in die Landschaft ist erhebend. Voraus, d.h. etwa auf 1 Uhr schiebt sich der Berg Tjahkelij mit seinen gut 1200 m in den Himmel. Im Talgrund davor, noch außer Sicht, befindet sich der See Laitaure, der mehr und mehr von sich preisgibt, je näher wir dem steilen Abstieg nach Aktse kommen. Gleichzeitig bekommen wir auch immer mehr vom Skierffe zu sehen, dem „Hausberg" von Aktse. Mit seiner 700 m senkrecht abfallenden Südflanke bewacht er das malerische Delta, das der Rapaätno, der Fluss Rapa, zu seinem Fuß und dem Laitaure unmittelbar vorgelagert, in Äonen geschaffen hat. Vom Kungsleden führt in rechtem Winkel ein Pfad über etwa 6 km zum Gipfel des Skierffe, den man von seiner Rückseite problemlos erklimmen kann, um von dort dieses einzigartige Naturschauspiel zu genießen. Wenn man diesen Ausflug macht, kann man sich in ein Gipfelbuch eintragen, das in einer Metalldose an einer augenfälligen Steinmarkierung sicher untergebracht ist.

Wir erreichen die Abzweigung zum Skierffe, entscheiden uns wegen der ungünstigen Wetterlage aber gegen den „Abstecher", der uns letztlich einen Tag kosten würde. Ab hier geht es direkt munter bergab. Ziemlich anstrengende 300 Höhenmeter führen durch dichten Wald hinunter. Da wir wieder merklich tiefer geraten (zurück auf etwa 450 m NN) – bei gleichzeitig gefühlten tropischen Temperaturen – steigt die Zahl der aktiven Blutsauger exponentiell mit jedem Meter, den wir abwärts gehen. Die Mückennetze waren kein Fehlkauf! Trotzdem sahnen wir –zig Stiche ab. *Pocken, Pest und Cholera sind ein Schneckenschiss gegen die wahre Geißel dieser Welt: die Mücke!*

Ein Mädel überholt uns leichtbepackt und zügigen Schrittes. Ein älterer Schwede pausiert direkt am Bach, der unten im Tal die Wasserversorgung der Station Aktse bedeutet. Der Weg zieht sich wie Kaugummi. Die erste Hütte sieht man erst, wenn man sich fast die Nase daran platt gelaufen hat. Jens, die alte Bergziege ist bereits unten und spricht mit dem jungen Wanderer, der uns auf der Hochebene überholt hatte. Niklas und ich gehen auf die beiden zu.

„Hej, my name is Hans", meint er.
„Prima", sage ich, „dann können wir ja gleich deutsch miteinander reden."
„Oh, I'm Swedish. I don't understand you", gibt er zurück.
Schwede will er sein mit seinen 175 oder 180 cm, dem pechschwarzen Haar und dem exotisch-dunklen Teint wie man ihn bei Bewohnern des indischen Subkontinents vermutet. Dazu braune Augen und perlweisse Zähne bis zum Abwinken. Ganz klar der typische Schwede wie er im Buche steht.
Er ist ein echter Sonnyboy und durchweg sympathisch. Wir erfahren, dass er den kompletten Königsweg – von Abisko bis Ammarnäs – also etwa 400 km laufen möchte. In Kvikkjokk, das er voraussichtlich in 3 Tagen erreichen wird, wird er etwa die Hälfte geschafft haben. Momentan

...nur noch bis dahinten!

ist er sich noch nicht sicher, ob er über Kvikkjokk hinausgehen will. Das wird sich zeigen.

Jetzt muss er genau wie wir über den Laitaure und Jens hat es mit ihm schon klar gemacht, dass wir vier gemeinsam in einem Boot rudern wollen. So können wir die gut 3 km schön aufteilen.

Da Aktse eine der wenigen Stationen im Norden ist, die auch einen Proviantshop besitzt, schlägt Jens vor, 2 Dosen Köttbullar (Fleischbällchen) zu kaufen und heute Abend zusammen mit Kartoffelpüree zu vernichten. Wer kann dazu schon „Nein!" sagen?

Wir trinken noch was und legen dann den letzten Kilometer bis zum Bootsanleger fast ausschließlich über Bohlen zurück. Und wieder haben wir Glück: es liegen 2 Boote an unserem Ufer bereit. Heissa, nur einmal rudern! Wir packen alles ein und berücksichtigen dabei, von vornherein etwas Wasser unter den Kiel zu bekommen, bevor das gesamte Gepäck im Boot landet. Die Gesamttonnage (4 Leute plus 4 Rucksäcke) beläuft sich immerhin auf ca. 390 kg. Dementsprechend tief liegt das Dingi im Wasser und in Verbindung mit dem herrschenden leichten Wellengang reagiert es äußerst schwerfällig auf unsere Bemühungen, mit den auch hier mangelhaften Riemen zurechtzukommen. Besonders spaßig sind die Ablösungen der Ruderer, wenn die Sitzplätze getauscht werden müssen. Das ist eine wahrhaft wacklige Angelegenheit.

Käpt'n Jens rudert

...nur noch bis dahinten!

Der Einzelwanderer an der Anlegestelle am gegenüberliegenden Ufer sieht uns heranschlingern, denkt sich aber nichts dabei. Der Deutsche behauptet von sich, auch nicht gerade Weltmeister im Rudern zu sein und hofft nur, dass er überhaupt drüben ankommt. Hans möchte sich noch etwas in der Schutzhütte an dieser Seeseite ausruhen, bevor er sich wieder auf den Weg macht. Wir aber wollen sofort weiter und verabschieden uns, nicht ohne das Versprechen zu geben, ihm nach unserer Rückkehr die Fotos zu schicken, dich ich in Aktse und auf dem Boot von ihm gemacht habe. Darüber freut er sich wirklich, da er in der Tat keine fotografische Dokumentation über seine Expedition besitzt.

*

Nun denn, wir satteln die Hühner und reiten vom Hof. Auf halbem Weg zwischen unserem jetzigen Standpunkt am Laitaure und dem Vindskydd Rittak befinden sich – mitten im Wald – zwei Brücken nur etwa 200-300 m auseinander. Die eine überspannt den Wildbach Suobbatjåkkå und die andere, von uns aus gesehen die erste, einen kleinen, namenlosen Ausläufer desselben. Das soll unser heutiges Etappenziel sein. Also haben wir noch satte 4 km vor der Brust.

Nach einer Stunde Marsch durch den dichten Nadelwald merke ich ziemlich deutlich wie mich meine Kräfte verlassen. Ich bin erleichtert, als wir die erste Brücke erreichen.

Es ist ein Ort perfekter Idylle. Zwei Wasserläufe vereinen sich hier in einer teichartigen Erweiterung, um sodann in einem gemeinsamen Bett weiterzufließen. Nadelbäume ringsum, dazwischen vereinzelte Birken. Der steinige Boden zum größten Teil überwachsen. Kurz: ein kleines Paradies – unter Vernachlässigung der Mücken!

Es gibt die Möglichkeit, das Zelt auf einem relativ baumfreien Erdbuckel im Wald zu errichten. Meine maroden Beine finden es klasse hier und wollen sich schon hochlegen, aber meine beiden Mitstreiter wollen doch sehen, wie es an der zweiten Brücke aussieht. Na schön, dann los – aber ohne die Rucksäcke!

Hier ist das Bild ganz anders, viel wilder. Der reißende Bach rauscht geräuschvoll unter der hölzernen Brückenkonstruktion hindurch. Hier ist es schon schwieriger, einen Badeplatz zu finden. Allerdings gibt es auch hier direkt am Fluss einen oft genutzten Zeltplatz. Jens und Niklas finden dort einen großen Kochtopf, den sie gleich für die Riesenportion Köttbullar requirieren, die uns heute erwartet.

Nun, wir entscheiden uns dann doch für die Idylle. Auf dem Weg dorthin zurück treffen wir Hans wieder. Er wirkt auch schon etwas erschöpft, will aber noch weiter bis Rittak und dort pausieren.

...nur noch bis dahinten!

Nachdem das Zelt steht, baden wir in den malerischen, teichartigen Auswaschungen des Ufers, die die beiden Bäche, die hier zusammenfließen, geschaffen haben. Das Wasser ist verdammt kalt – kälter als vermutet bei der idyllischen Umgebung – aber erfrischend.

Rauchiges Feuer gegen den fliegenden Feind

Zum Abendbrot wird intensiv die vorhandene Feuerstelle genutzt, hauptsächlich, um Rauch zu erzeugen und damit die Mücken auf Abstand zu halten. Das funktioniert leider nur semi-gut.

Niklas hadert hier zum ersten Mal mit der Mückenplage und fühlt sich persönlich verfolgt.
Er versucht eine kreative Möglichkeit, die erdrückende Übermacht in den Griff zu bekommen. Die Erdschicht hier ist erquickend dick, anders als oben im Fjäll. Also stiefelt er los zum Bach und legt eine Schlammmaske auf Haare und Arme.

> *Das Wetter war drückend geworden, die Mücken sammelten sich in Schwärmen, und ich musste die ganze Zeit Tabak rauchen, um mich vor ihnen zu retten.* [Hamsun, S. 930]

Sieht etwas lächerlich aus, wirkt aber tatsächlich. Der Nachteil ist nur die riesige Sauerei, wenn man das Zeug wieder entfernen will. Und das sollte man tun, bevor man den Schlafsack aufsucht. Deshalb hat es auch

Niklas Schlammmaske

keine Wiederholung dieses Versuchs gegeben.

Das Essen war lecker und viel. Köttbullar bis zum Abwinken. Vor dem Tee verspüre ich einen verdauungsbedingten Drang, mich abseits in den Wald zu verdrücken. Ich finde schnell einen seltsam geformten Felsen, den man prima als Donnerbalken benutzen kann. Es herrschen also hervorragende Bedingungen, wenn nur die berüsselten Bestien nicht wären. Kaum rutscht die Hose abwärts, sind die Oberschenkel schwarz. Aufs eigentliche Geschäft kann man sich kaum konzentrieren und trotz aller Bemühungen, die surrenden Flieger zu vertreiben, fügt sich wieder eine erkleckliche Zahl Stiche den bereits Vorhandenen hinzu. Na ja, ist halt so.

> *Die Västerbottenleute und Neusiedler pflegen sich gegen Mücken mit Teer, Tran oder anderem Fett einzuschmieren, das sie in einem Horn an der Seite bei sich führen, aber der Lappe macht sich nichts daraus.*
>
> *[Linné, S. 187]*

Wenn's weniger spontan drückt, kann man hinsichtlich der entblößten Körperteile etwas Prophylaxe in der Aggressorenabwehr betreiben (*s. Tipps: Mücken*).

...nur noch bis dahinten!

Zum Teetrinken verziehen wir uns in den Salon. Niklas ist inzwischen wieder „entschlammt". Jens fängt nun auch an, in Niklas Klagelied einzustimmen.

„So ein Dreck! Da ist man hier an einem der schönsten Plätze, die man sich vorstellen kann und kann es nicht genießen, weil man sich vor den Dreckshurenviechern verkriechen muss!"

Und das alles in herrlichstem Sächsisch. Ich stimme dem apathisch zu und zähle nur so zum Spaß die Stiche lediglich an meinem linken Fuß. Immerhin 30 in diesen ersten Tagen. Aber was soll's - solange der Juckreiz sich in Grenzen hält...

Gegen Abend kommt die Sonne nochmal zwischen den Wolken hervor. Ich nutze die Gelegenheit zu einer fotografischen Exkursion in die nähere Umgebung. Ohne Hast, frei von Eile, genieße ich die Stille der abendlichen Wildnis. Der rauschende Gebirgsbach an der nächsten Brücke ist außer Hörweite – kein Windhauch, der seine Stimme zu uns herüber tragen könnte. Und die spielerischen Wasserläufe in unserer idyllischen Ecke bringen nur mehr ein sanftes Murmeln zustande. Ab und zu piept ein Vogel irgendwo in den Bäumen – ansonsten ist es einfach nur still. Und schön. Die Luft ist klar und rein und „riecht" gut. Anders als bei uns im Ruhrpott, auch wenn die Schlote der Zechen schon lange nicht mehr das Bild bestimmen. Die Ausdünstungen der Riesenmetropole von Duisburg bis Dortmund – quasi ein einziges, zusammenhängendes Stadtgebiet – prägen das Klima dort nachhaltig.

Von unserem leicht erhöhten Zeltplatz kann man über die hochgereckten Spitzen der Kiefern hinweg die Ausläufer der Sarek-Berge weiter im Westen sehen. Vor ihnen entlang führt der Königsweg, den wir morgen in nördlicher Richtung verlassen und somit direkt in die Höhen einsteigen werden. Im Vordergrund leuchtet die einfache, alte, schiefe Brücke – das Holz verblichen, fast weiß. Das klare Wasser, das sie überspannt, beherbergt sauber gespülte Felsen.

...nur noch bis dahinten!

Malerische Holzbrücke

Später fängt es an zu nieseln. Die Temperaturen sind mild und es macht Freude, sich in dieser Natur zu bewegen.

Ich bin zufrieden mit mir und der Welt.

Tag	Strecke km	Meter auf + ab	Start Level	Ende Level	Gipfel, Flüsse, Seen am Wegesrand
4	10	490	540	540	Tareaive (1083 m) Abzweig zum Skierfe Aktse Fjällstation Laitaure (Rudern 3 km) Rapadelta Vindskydd Laitaure Tjakkeli (1214 m) Nationalparksgrenze 2-Brücken-Platz
Kumulierte Werte	34	1275			

...nur noch bis dahinten!

Tag 5 | 20. Juli: 2-Brücken bis Ijvvárlahko-Hochebene

Nachts regnet es häufig in Schauern. Nieselregen. Der Morgen zeigt sich bedeckt. Es fällt aber kein Regen mehr, obwohl dunkle Wolken da sind. Ich habe mich heute Nacht irgendwie auf einem Erdbuckel verlegen – der Rücken tut weh. Aber egal!

Wir schnüren die Säcke und ab geht's. Weiter durch Wald und begleitet von Mücken. Teilweise stehen junge Birken bis an den Trampelpfad bzw. den Bohlenpfaden und versuchen, sich in die Rucksäcke zu krallen. Glücklicherweise ist das nur über eine kurze Strecke von ein paar hundert Metern der Fall. Dann geht es stetig aufwärts. Schätzungsweise 200 Höhenmeter hoch, wobei der Anfang recht steil ist.

Eher als erwartet erreichen wir das Vindskydd Rittak. Seit einiger Zeit laufen wir bereits über Sarek-Boden. Der Kungsleden durchschneidet hier den südöstlichsten Zipfel des Nationalparks über eine Länge von etwa 15 Kilometern.

In Rittak machen wir eine ausgedehnte Teepause. Jens findet in der Hütte Proviantüberbleibsel eines anderen Wanderers. Neben eindeutig identifizierbarem Müsli (das auf der Plastiktüte mit „Morgenmat" bezeichnet ist) gibt es kleine Tütchen mit mehlartigem Inhalt und der schwedischen Anweisung „tillsat 1 ¼ dl vand". Wir glauben, hier eine Backmischung vor uns zu haben, die man mit Wasser vermengen und anschließend backen, braten oder was auch immer damit tun soll.

„Versuch macht klug", meint Niklas und fängt an, den Teig zu kneten. Im Trangia-Topf braten wir die Rohlinge mit etwas Palminfett und erhalten so ein paar Plätzchen - *Vindskydd-Bratlinge* getauft -, die gar nicht mal schlecht schmecken.

Die Schutzhütte befindet sich zwischen den Hüttenstationen Aktse und Parte und teilt die Gesamtstrecke von etwa 22 km zwischen den beiden Stationen in 12 (inkl. Rudern) und 10 km lange Teilstrecken. So werden die Abstände zwischen den einzelnen Hüttenstationen entlang der markierten Wanderwege auf moderate ca. 10 km gehalten. Obwohl es eine Notunterkunft sein soll, wird es regelmäßig als Etappenziel genutzt.

...nur noch bis dahinten!

Hat man die schmale „Wärme-Schleuse", die in einer Ecke etwas zurechtgesägtes Feuerholz aufnimmt, mit einem kurzen Schritt durchmessen, verwöhnt der Innenraum das Auge mit geradlinigem, schnörkellosem Mobiliar. Unter dem einzigen Fenster in der der Tür gegenüberliegenden Wand befindet sich ein kleiner Tisch. Die beiden breiten Pritschen entlang den Längsseiten

> *An den Herden wurden Kesselhalter gebraucht. Die Lappländer nehmen bloß einen Pfahl, rammen ihn schief in die Erde und hängen einen Kessel (...) daran.*
> *[Linné, S. 93]*

können problemlos je 4-6 Schläfer aufnehmen – je nachdem wie intim man miteinander werden möchte – und ein rustikaler kleiner Kanonenofen vervollständigt die Einrichtung aufs Wunderbarste.

Vindskydd Interieur

Das Wetter bessert sich ständig. Der Himmel reißt auf, die Sonne scheint. Wir gehen weiter in Richtung Brücke über den Jåkkejágásj. Bis dorthin ist eine mäßige Steigung zu überwinden und an der Brücke verlassen wir den Pfad und folgen nun quasi dem Wasserlauf, der von Norden aus dem Sarek kommt. Nun sind nochmal ca. 200 Höhenmeter bis zur Hochebene Ijvvárlahko zu überwinden. Weicher Boden mit nur wenig Steinen verwöhnt hier die Füße.

Auf der Suche nach einem schönen Zeltplatz gehen wir noch ein Stück über sanft gewellten Boden. In der Tat gibt es hier mehrere schöne Plätze, unter denen wir wählen können. Wir entscheiden uns für eine Location unterhalb eines kleinen Hügelchens, auf dem wir die Rucksäcke für die Detailsuche zurückgelassen hatten. Es weht ein heftiger Wind, der den Zeltaufbau etwas erschwert. Bloß nicht loslassen, das aufgeblähte Ding. Auf der anderen Seite befreit der Wind uns aber nachhaltig von den Mücken. Der Fuß des Hügelchens besteht aus einem kleinen Geröllfeld mittelgroßer Steine. Jens bastelt sich eine Kochecke für die Alu-Designertöpfe, wobei flache Steinplatten als Windschutz verwendet werden. So können die Spaghetti mit Tomatensauce zubereitet werden, ohne zuviel Brennstoff wegen des starken Windes zu verbraten. Die Nudeln sind lecker, aber leider zu schnell vernichtet. Wir schieben zur Abrundung des Menüs noch eine fette Brühe nach.

Designerküche „Laponia"

Niklas hatte während der Mahlzeit vorgeschlagen, morgen eine Tagestour auf den Nachbarberg, den Favnoajvve, zu machen.

„Hört mal, es ist doch noch früh am Tag. Das Wetter ist herrlich. Warum bis morgen warten?", meint Jens. Ja, da hat er eigentlich recht. Also machen wir uns auf, von etwa 1000 m auf 1117 m zu kraxeln.

Dort oben ist es noch windiger, aber wir haben einen bombastischen Blick in das Tal hinter dem Berg. Wir schauen genau auf das östliche Ende des Tjaktjajaure und der anschließenden Sumpflandschaft. Direkt zu unseren Füßen verläuft der Königsweg. Der Abschnitt etwa 2 km hinter der Brücke, an der wir ihn heute Mittag verlassen hatten.

Der Wind weht uns fast von den Füßen. Doch wir genießen das Panorama in vollen (Lungen)Zügen. Nachdem wir uns satt gesehen und den rundlichen Gipfel abgeschritten haben, schlendern wir gemächlich zum Zelt zurück. Es gibt noch einen warmen Tee als Absacker bevor wir – ausgekühlt vom Wind - in den Schlafsäcken verschwinden.

Brücke über den Jåkkejågásj

Blick vom Favnoajvve Richtung Süden

Tag	Strecke km	Meter auf + ab	Start Level	Ende Level	Gipfel, Flüsse, Seen am Wegesrand
5	14	460	540	1000	Partekietje (980 m) Vindskydd Rittak Huornatj (884 m) Favnoajvve (1117 m) Brücke über Kallekjakka Kallakvare Hochebene Ijvvarlakko
Kumulierte Werte	48	1735			

...nur noch bis dahinten!

Tag 6 | 21. Juli: Ijvvárlahko bis Brücke am Gådokjåhkå

Es knistert auf dem Zelt. Eisregen! Und kühl ist's. Gründe genug, erst mal im Warmen liegen zu bleiben. Erst am Nachmittag lassen wir den Lagerplatz zwischen Favnoajvve und Stuor Dágár zurück. Wir wollen noch weiter in den Sarek vordringen und ein Basislager für Tagestouren einrichten. Dazu haben wir als Standort eine der wenigen Brücken im Sarek ausgewählt. Diese überspannt eine Klamm des Gådokjåhkå, der hauptsächlich gespeist wird aus dem Gletscher des Bårdde Massivs und diversen Zuflüssen aus benachbarten Tälern. Er fließt von West nach Ost – teilweise durch eine enge Schlucht – und mündet in den Rapaätno.

Der Weg geht sich gut an. Schöner, weicher Boden. Dann wird es etwas welliger. Das Auf und Ab macht mir zu schaffen. Aber es ist immer noch OK.

Sinnvollerweise sollten wir den Stuor Dágár in Richtung Norden an seiner Westflanke teilumrunden, um unterhalb des Suolanjunnje (1088 m) hart nach Westen abzubiegen und dann Richtung NNW direkt auf die Brücke zuhalten. Der Grund dafür ist einfach: das große Sumpfgebiet Ijvvarláhko, das besser umgangen werden sollte. Die Kartenlegende nennt es „Buschvegetation" und man hüte sich davor.
„*Maior e longinquo reverentia* (aus der Ferne besehen, ist alles schön), sagt der Altrömer und genau so empfinden wir beim Anblick der auf weite Strecken ebenen Fläche mit – wie es scheint – lichtem Buschwerk. Wen wundert's, dass wir statt des längeren Umwegs dann doch ohne vorherigen Haken zu schlagen, geradewegs auf die Brücke zuhalten. Doch kaum betritt man diese „unendlichen Weiden", sinkt man fast permanent bis zum Knöchel in diesem nassen Hochmoor ein. Das Gehen durch die Weidengürtel ist anstrengend; diese Etappe ist kräftezehrend. Ab und zu hebt sich ein kleiner Hügel aus dem Sumpf, den man zwar hinauf und wieder hinunter muss, aber immerhin ist der Boden hier fest und angenehm zu begehen.

Nach einer Pause auf einem solchen Hügel befinden wir uns gerade in einem weiteren Sumpfabschnitt, als ich einen Aufschrei hinter mir höre, gefolgt von herzhaften Flüchen. Ich drehe mich um und sehe wie Niklas seinen Rucksack auf den nassen Boden schleudert und sich wie wild gebärdet.
Warum? Sein Messer ist weg. Sein selbstgemachtes Messer, an dem er wochenlang herumgeschnitzt und geschmirgelt hat, nebst der dazugehöri-

gen Lederscheide, ist weg. Er hatte es mit einem kurzen Gurtband an seinem Gürtel befestigt, damit es nicht direkt unter dem Hüftgurt sitzt und auf den Knochen drückt, sondern etwas tiefer hängt. Dieses Gurtband hat sich gelöst und Messer samt Scheide haben sich verabschiedet. Grande Katastrophe!

Ich gehe zu ihm rüber und versuche, ihn zu beruhigen. Wir halten zunächst in der unmittelbaren Umgebung Ausschau nach dem Messer. Jens ist schon etwa 200-300 m voraus, merkt, dass irgendetwas geschehen sein muss und kommt ohne Gepäck zu uns zurück.

Niklas ist außer sich. „Ohne mein Messer gehe ich nicht weiter!" Na klasse! Er ist sich sicher, dass er es am letzten Pausenstein noch hatte. Das ist ja schon mal ein Anhaltspunkt. Jetzt muss man nur diesen Pausenstein wiederfinden, den man von der Rückseite erst mal wiedererkennen muss. Wir schwärmen aus und versuchen, den Weg zurück zu verfolgen. Wenn er es im Sumpfgebiet, mitten in den Weidenbüschen, verloren hat, sehe ich schwarz. Selbst auf dem trockenen Boden der Hügel beträgt die Wahrscheinlichkeit, ein dunkelbraunes, etwa 20 cm langes Etwas auf spärlich bewachsenem Boden wieder zu finden *1:ganzganzviel*.

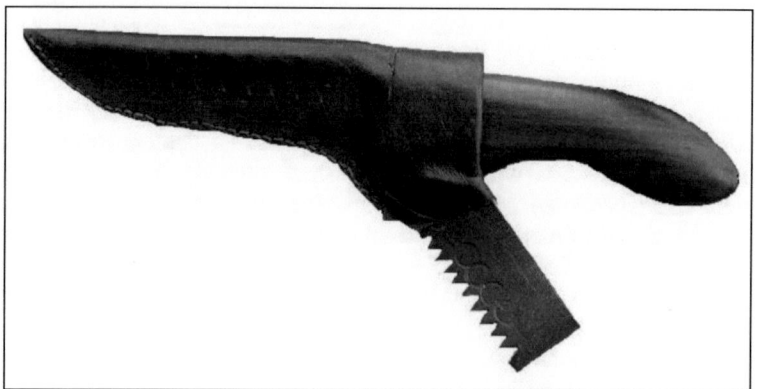

Niklas Messer

Ich kann das gut verstehen, dass man an einem solchen Werkstück, dem man liebevoll und mit viel Einsatz Form gegeben hat, hängt. Vermutlich geht es den Samen genau so, wenn sie ihre Messer machen. Natürlich gibt es mittlerweile maschinell hergestellte Produkte, aber es gibt auch viele individuelle Messermacher, die teilweise von ihrer Kunst leben. Traditionell trägt der Same zwei Messer an seinem Gürtel, ein Großes und ein

...nur noch bis dahinten!

Kleines, die man stuorra niibi bzw. unna nibas nennt, was nur bedeutet: großes Messer, kleines Messer. Dabei hat das Kleine üblicherweise eine Klingenlänge zwischen 12 und 18 cm, während die Klinge des Großen zwischen 18 und 25 cm liegt. Natürlich gibt es auch Abweichungen. Es sind Gebrauchsmesser mit stabilen Klingen und Griffen, die bei der Jagd, beim Fischen oder Schnitzen benutzt werden.

Und dann geschieht das Unfassbare: Nach einer Stunde beharrlichen Suchens finden wir das Objekt der Begierde tatsächlich wieder – etwa 200 m vor Wiedereintritt ins Sumpfland. Der Jubel kennt kein Ende!
Doch wir sind noch nicht am Ziel. Mittlerweile haben wir rechter Hand die Seen 878, 879 und 874 passiert. Sumpf und Erdhügel wechseln sich regelmäßig ab. Ich bin schon wieder völlig erschöpft. Dann taucht sie endlich auf, die Brücke. Ich höre meinen Nacken und die Schultern frohlocken. Nur noch ein paar hundert Meter. Die schaffe ich auch noch.
Und dann sind wir endlich da. Schon von Weitem konnten wir an den Pylonen der Brücke ein weithin leuchtendes, weißes Rentiergeweih imposanter Größe ausmachen. So hatten wir das Ziel auf dem letzten halben Kilometer ständig im Auge.

Bevor wir richtig auspacken, bewundern wir erst den Fluss, der hier, an der Brücke, durch eine enge Klamm schießt. Der Anblick ist gewaltig. Wenn man in der Mitte der Brücke steht, nötigen einem die tosenden und gischtenden Fluten, die man durch die metallenen Laufgitter ein paar Meter tiefer vorbeirauschen sieht, gehörigen Respekt vor den Naturgewalten ab.
Heute sind wir 6 Stunden marschiert und haben etwa 12 km über ganz übles Gelände zurückgelegt. Morgen ist ein Ruhetag angesagt.
Hallelujah.

Tag	Strecke km	Meter auf + ab	Start Level	Ende Level	Gipfel, Flüsse, Seen am Wegesrand
6	10	100	1000	900	Stuor Takar (1162 m) Unna Jerta (983 m) Stuor Jerta (1335 m) Vaikautjakka (1307 m) Gadokjakkah
Kumulierte Werte	58	1835			

...nur noch bis dahinten!

Tag 7 | 22. Juli: Brücke am Gådokjåhkå | 1. Ruhetag

Ein herrlicher Morgen. Das Zelt steht direkt, d.h. etwa 10 m oberhalb des Gådokjåhkå, kurz bevor dieser durch die Klamm rauscht, über die die Brücke gespannt ist. Die Brücke selbst ist auch nur etwa 30 m entfernt. Das Wasser wird durch die Enge gepresst und rauscht auch nächtens ununterbrochen. Im weiteren Verlauf findet der Fluss sein Bett über eine lange Strecke in einem engen Canyon. Vielleicht sehen wir mehr davon, wenn wir unseren Erkundungsgang zum Rapaätno machen. Dort wollen wir prüfen, ob eine Überquerung des Rapa möglich ist. Wenn ja, könnten wir am jenseitigen = nördlichen Ufer Richtung Osten und mithin zur Station Aktse gehen. Unter Einbeziehung einer teuren Bootsfahrt mit Lennart, dem Samen, durch das Rapadelta. Dann brauchten wir nicht den kompletten Hinweg bis zum Basislager identisch wieder zurück zu gehen.

Ein Fels in der Brandung des Gådokjåhkå

Heute ist Waschtag, d.h. KÖRPERwaschtag. Niklas erlebt seine Eiswassertaufe – die erste Ganzkörperwaschung im ach so kalten Gletscherfluss. Dagegen waren die ersten Badetermine Warmbadetage.

Es kostet einige Überwindung, das eiskalte Wasser portionsweise über Arme und Beine zu gießen und noch mehr, in den kalten Fluten ganz

...nur noch bis dahinten!

Badeplatz am Rand der Stromschnellen

unterzutauchen. Da bleibt einem sekundenlang die Luft weg, wenn das Wasser über dem Rücken zusammenschlägt. Doch wenn man erst mal drin ist, ist es einfach herrlich. Man hält es zwar nicht lange aus und es kann durchaus geschehen, dass man etwas unbeholfen wieder an Land eiert, weil die Füße in dem Eiswasser taub und gefühllos geworden sind. Darum ist es angeraten, immer irgendwelche Schlappen (Sandalen, alte Turnschuhe o.Ä.) anzuziehen, damit man sich nicht an scharfkantigen Felsen verletzt. Ist man dann dem kühlen Nass entstiegen, fühlt man sich wie neugeboren. Das Blut kursiert auf Hochtouren; das Wohlgefühl ist unbeschreiblich. Das kann der körperlichen Konstitution und Widerstandskraft nicht abträglich sein (s. Tipps: Ganzkörperwaschung).

Ansonsten sind heute tatsächlich Ruhe und Abhängen angesagt. Zwischen zwei Abhängphasen mache ich eine kleine Fotosafari in die nähere Umgebung und banne einige Makroaufnahmen von Moosen und Flechten und skelettierten Lemmingen auf Zelluloid. Ja, ich fotografiere analog. So richtig mit Filmpatronen, manuellen Einstellungen an der Kamera und Filmtransport per Daumenbewegung. Die gute alte Nikon F3, die auch bei Batterie-Exitus immerhin bei 1/60 Sekunde noch manuell auslösen kann.

Irgendwann sehen wir 2 Wanderer über die Brücke gehen. Die ist ein strategischer Punkt, wenn man z.B. durch die Täler der auf der Nordseite des Flusses befindlichen Massive ins Sarvesvagge gelangen möchte.

> [Der Grund, warum die Lappen so gesund sind, ist]
> 1. (...)[Die reine Luft] (...);
> 2. [Gut zubereitete Gerichte];
> 3. [kaltes Essen];
> 4. [reines Wasser];
> 5. [Ein ruhiges Gemüt] (...);
> 6. (...) [Keine beschwerenden Gerichte] wie bei den Bauern (...);
> 7. (...) [Branntwein mit Ausnahme von Zeit zu Zeit, in der er fehlte] (...);
> 8. [Gewöhnung an die Kälte und **Abhärtung von Klein auf** (...).
> 9. Fleischgerichte. [Fleischesser leben länger.]
> [Linné, S. 139f]

Dabei ist die Brücke zwar angenehm, aber nicht unbedingt notwendig, um ans andere Ufer zu gelangen. Nur etwa 200-300 m flussaufwärts ist der Wasserstand niedrig und das Flussbett breit genug, dass man dort leicht rüber käme. Wahrscheinlich sogar ohne Schuhwechsel. Das unterstreicht nur, dass diese Brücke – wie auch die anderen im Sarek – nicht für die Belange der touristischen Wanderer, sondern für die der Samen errichtet worden ist. Aber wer weiß, wie es zu Zeit der Schneeschmelze hier aussieht. Gut möglich, dass der Wasserstand dann erheblich höher ist.

In einer kleinen Höhle in den Felsen der Klamm unweit der Brücke drängen sich 3 beindicke Birkenstämme, je etwa einen Meter lang, in unser Dasein. Sie werden zum Lagerplatz entführt. Eine Lösegeldforderung ist nicht angedacht, vielmehr haben wir den Gedanken, damit ein Feuer zum Salamibraten anzufachen. Darüber hinaus finde ich an den Betonsockeln der Brückenpylonen verblichene, marode Reste der alten Holzverschalung. In Ermangelung sonstiger Holzquellen in der baumlosen Umgebung werden diese ebenfalls kurzerhand requiriert.

Die Birkenstämme bekommen wir ohne Axt natürlich nicht klein, aber sie fungieren immerhin als Lieferanten für hauchdünne Birkenrinde, die der beste Firestarter ist, den man sich denken kann. Einige reisigdünne tote Zweige erdnaher Wacholderbüsche zum Anblasen des Feuers tun ihr Übriges und schon bald lodern die Flammen in einem kleinen Steinkreis lichterloh. Eine halbe Salami – in Scheiben geschnitten und aufgespießt – dient gar trefflich als geröstete Vorspeise. Auch wenn die Ränder schon mal etwas kohleartig geraten, so lassen wir uns davon den Appetit auf etwas Bissfestes nicht vermiesen. Nitrosamine – pah! Gelobt sei, was satt macht!

Die anschließend aufgetischte Nudelpfanne „Försterin Art" entpuppt sich als etwas laff. Nachwürzen mit Chilisauce peppt die Sache auf und macht das Gericht im Abgang schärfer.

So beschließen wir diesen Tag beim mittlerweile schon traditionellen Abendtee, begleitet vom beständigen Rauschen des Flusses. Das ist unser Unterhaltungsprogramm, und ganz ehrlich – noch dazu ein verdammt Schönes.

Moose Antlers

...nur noch bis dahinten!

Tag 8 | 23. Juli: Brücke am Gådokjåhkå | 2. Ruhetag

Es regnet. Regentropfen prasseln auf die gespannte Zelthaut und spielen in unterschiedlichen Tönen eine Sinfonie melancholischer Demut vor den Naturmächten. Mal wellenartig und fein, mal hart und tröpfelnd. Die Abhängigkeit vom Wetter trifft uns unmittelbar und stellt uns vor die Entscheidung, loszumarschieren oder eben nicht. Dazwischen gibt es nichts.

Die Berggipfel sind tief in den Wolken verschwunden. Der Himmel ist total zu; nur ab und zu bricht für Sekunden hoffnungsvoll die Sonne durch. Ansonsten herrscht heute das himmlische Topfdeckelsyndrom. Es hat keinen Sinn, heute noch etwas Größeres zu unternehmen.

Ich gehe nochmal zum Fotografieren los und bringe auf dem Rückweg noch ein paar Reste von den Schalbrettern der Brückensockel mit. Eine halbe Stunde lang schäle ich entspannt und geduldig weitere Rindenhautfetzen von den Birkenhölzern und schaffe es, damit das regenfeuchte Bretterholz anzufeuern. Die zweite Hälfte der Salami von gestern füllt die Bäuche vor. Obendrauf gießen wir Hühnersuppe mit Nudeln und Grießklößchen. Anschließend geben wir uns für den Rest des Tages der Verdauung hin – mehr oder weniger geräuschvoll.

Diese Festnahrung ist ein Gedicht

...nur noch bis dahinten!

Tag 9 | 24. Juli: Tagestour zum Rapaätno

Auch an diesem Morgen bestimmt der Regen das Geschehen – mal mehr, mal weniger. Sporadisch lugt die Sonne durch die dunklen Wolken. Wir müssen uns heute auf jeden Fall bewegen, falle vom Himmel, was da wolle. Der schaut aus, als wolle er dem grausigen Treiben ein Ende setzen und aufreißen. Schließlich tut er es auch und wir machen uns marschbereit. Einige Utensilien werden in Niklas Rucksack gepackt, weil dieser der Kleinste ist: 2 x 20 m Seil, 5 m Schlauchband (um evtl. einen Brustgurt zu knüpfen), Watsandalen für jeden und Regenkombis, falls uns unterwegs doch noch massiver Regen überraschen sollte. Immerhin werden wir einige Stunden unterwegs sein. Die einfache Strecke beträgt 8 - 9 km.

Das heutige Ziel ist der Rapaätno, der große Fluss, der den Sarek quasi von der nordwestlichen in die südöstliche Ecke durchquert. Wir wollen prüfen, ob es eine Möglichkeit gibt, den Fluss zu überqueren. Wäre das der Fall, könnten wir den Weg zurück nach Saltoluokta teilweise anders gestalten. Dann würden wir am Nordufer des Rapa Richtung Osten laufen und an der Station Aktse auskommen – wobei das letzte Stück per Motorboottransfer durch das malerische Delta des Rapa zurückgelegt würde. Andernfalls müssen wir denselben Weg zurück nehmen, den wir bis zu unserem Basislager hergekommen sind.

Wir überqueren „unsere" Brücke über den Gådokjåhkå und halten uns unterhalb der langgestreckten Flanke des Gådokgájsse zu unserer Linken. Zwischen Gådokgájsse und dem Fluss, der bis zum Erreichen der Baumgrenze des Rapadalen quasi parallel zu der Bergflanke in seiner engen Schlucht verläuft, ist auf ungefähr zwei Dritteln der Strecke „Buschvegetation mit Gehbehinderung" auf der Karte verzeichnet. Die wollen wir etwa 50 m höher auf der Bergflanke passieren und unberührt unter uns lassen bis der Abfluss des 1670 m hohen Peaks des Gådokgájsse kreuzt. An seinem Ufer entlang soll es dann runter ins Tal zum Rapaätno gehen. Wir befinden uns momentan auf ca. 900 m Höhe, der 2 km breite Buschgürtel geht hinauf bis auf etwa 950 m. Die Option des höheren Weges würde auch mehr Strecke bedeuten. Obwohl wir so gut wie kein Gepäck haben – bis auf die paar Dinge in Niklas Rucksack – wählen wir wider besseren Wissens doch die Busch-Option, in der Hoffnung, dass es so schlimm schon nicht sein wird.

Weit gefehlt! Bei der Wahl der Alternative haben wir prompt den „Zonk" erwischt – die Niete schlechthin. Weiden, Weiden und noch mehr

...nur noch bis dahinten!

Weiden so weit das Auge reicht. Über weite Strecken laufen wir permanent durch knöcheltiefes Wasser. Der Gehkomfort ist gar keiner – die zähen und widerspenstigen Weiden gewinnen so manchen Kampf, wenn man sie einfach niedertreten will. Hier haben wir wieder „Sumpf mit Alles"!

Verfluchtes Weidengestrüpp

Auch ohne Gepäck ist das Fortkommen in diesem Gelände sehr kraftraubend. Erst unweit vor der Höhe, ab der es hinunter ins Rapatal geht, ist der Untergrund angenehmer zu begehen.

Irgendwann kommt rechter Hand (weit in Richtung Osten) der Skierffe ins Blickfeld und schon ein wenig vom kurvenreichen Rapaätno. Es dauert nicht lang, bis sich auch der Berg Nammatj, der wie ein Klotz, oder besser wie ein steinerner Keil, das Rapadelta bewacht, formatfüllend ins Bild schiebt. Eine ganz neue Perspektive für Jens und mich und Niklas ist ebenfalls ganz begeistert von diesem Panorama. Weit im Hintergrund schimmert der Laitaure, unser zweiter Rudersee.

Mit Erreichen der 700-m-Höhenlinie überqueren wir die Baumgrenze. Fast unmittelbar tut sich unter uns dichter Birkenurwald auf, der bis hinunter zum Rapa reicht. Diesen Dschungel gilt es auf einer Strecke von 1,5 – 2 km zu durchdringen. Der Pflanzenbewuchs ist immens: Blumen, Farne, Gräser und natürlich die typischen Birken – alles im Überfluss.

Die ersten 60 Höhenmeter in diesem arktischen Matto Grosso führen recht steil abwärts. Man muss schon konzentriert gehen, denn das Schmankerl hier ist, dass man quasi „blind" läuft. Der Pflanzenteppich bedeckt alles: Steine, glatte Wurzeln, umgestürzte Bäume, Bodenlöcher. Es ist der reinste Hindernislauf. Nach einiger Zeit kreuzen wir einen Wildwechsel. Frische Spuren und reichlich Losung weisen ihn als Elch-Autobahn aus. Indem wir ihm folgen, stellen wir fest, dass die Wildwechsel eine vergleichsweise bequeme Alternative zu selbstgewählten, möglicherweise mehr zielgerichteten Vorstößen durch die grüne Wand darstellen. Da es haufenweise dieser Trampelpfade gibt, lohnt es sich hier durchaus, den einen oder anderen vermeintlichen Umweg in Kauf zu nehmen. Unterm Strich kommt man trotzdem schneller und vor allem kraftsparender vorwärts.

Überhaupt ist die Vegetation unglaublich dicht. Im Norden ist die Baumgrenze hauptsächlich von der Fjällbirke (*Betula tortulosa*) gekennzeichnet. Dabei ist sie häufig mit einer sich anschließenden breiten Zone mit Grauweiden (*Salix*), die auf Plateaus gerne mal den einen oder anderen Hektar einnimmt, verwoben.

Carl von Linné prägte den Begriff des **Limes norrlandicus**(auch *Biologische Nordlandgrenze*), der die biologische Grenze zwischen dem Mischwald im Süden und den borealen Nadelwäldern im Norden, d.h. nach Norrland darstellt. Wenn man durch Lappland fährt, sieht man vor allem Kiefern-, Fichten- und Birkenwälder, aber auch Weiden und Ebereschen. Die arktischen Umweltfaktoren wie starke Temperaturunterschiede, extrem wechselnde Sonneneinstrahlung und Schneestürme wirken

> *Zuoberst auf diesem Berge standen Birken von sonderlich kleinem Wuchs. Ihre Stämme waren dick und niedrig, und die obersten [Äste] schienen dem scharfen Frost anheimgefallen zu sein (...).Auch die kleinen Bäume waren ziemlich alt, und je höher ich nach Norden kam, desto niedriger wurden sie.*
> *[Linné, S. 119]*

unmittelbar auf den Lebenszyklus der dort wachsenden Pflanzen. In Lappland findet man aber auch Meere von Blumen und eine der bekanntesten Beeren des Nordens: die Multbeere (*Hjortron [schwed.] oder Lakka [finn.]*), das „Gold Lapplands".

Leider bekommen wir zwar kiloweise Elchköttel zu Gesicht, aber keinen der Ausscheider dieser ovalen, gepressten Kacke, die wie gerollter Tabak aussieht, wenn man so ein „Zäpfchen" mal durchbricht. Es ist der trockene Sommerschiss im Gegensatz zum breiigen Winterschiss. Auch andere Vertreter der Fauna machen sich rar. Dabei wären wir gerne mal auf Bärenjagd gegangen – so wie die alten Lappländer (s. Kasten auf der nächsten Seite). Kann so schwer nicht gewesen sein, wenn man den alten

...nur noch bis dahinten!

Erzählungen glauben mag. Schließlich soll die Bärenpopulation in den letzten Jahren wieder zugenommen haben, nachdem die Petze zwischendurch mal komplett verschwunden worden sind. Natürlich muss man in höchstem Maße vorsichtig sein, wenn man tatsächlich das Glück haben sollte, Bären zu sehen. Möglichst viel Abstand ist die erste Bürgerpflicht.

Oder nicht vielleicht doch den Hubertus in die Hosentasche stecken und auf Bären gehen? Ein Gewehr zu basteln, ist nicht ohne weiteres umzusetzen. Aber wie sieht's mit einem Bogen aus? Niklas hatte sich vor einigen Jahren schon mal an einem Rohling versucht. Allerdings nur aus einer Holzsorte. War gar kein schlechtes Ergebnis. Besser ist eine Kombination aus zwei oder gar mehreren Hölzern mit unterschiedlichen Eigenschaften. Die müssen dann nur noch miteinander verbunden werden. Ist doch keine große Sache, wenn man weiß wie's geht.

> Der Handbogen besteht aus besonders hartem Nadelholz und Birke, zusammengeleimt. Der Leim wird so gemacht: Große Barsche werden gehäutet, die Haut getrocknet, später in kaltem Wasser wieder nass gemacht, damit man die Schuppen abschaben kann. Die Schuppen von vier à fünf Häuten werden in eine Blase getan oder in Birkenrinde eingewickelt, dass kein Wasser daran kann, legt das in einen Kessel kochenden Wassers, einen Stein oben drauf, so kann's nicht schwimmen. Mit diesem Leim, der sich niemals auflöst, und mit einem Band wird der Bogen umwunden.
>
> *[Linné, S. 181]*

Na, ich denke, unterm Strich sind die Bären sicher vor uns. Es kann ja auch was kleineres sein. Immerhin haben wir ja mit Niklas einen ausgebildeten Jäger dabei, der die Beute waidgerecht zerlegen könnte.

Wir halten uns damit nicht weiter auf, sondern so gut es geht auf den Berg Lulep Spádnek am jenseitigen Ufer des Rapaätno zu. Nach zahllosen Rutschern über versteckte Wurzeln, Tiefenmessungen von überwucherten Erdlöchern und strauchelnden Einlagen über abschüssige Wegstücke, denen oft eine wohlmeinende Birke Einhalt gebietet, erreichen wir die Lebensader des Sarek. Es geht übergangslos raus aus dem Urwald und rauf auf das steinige Ufer. Ich bin froh, endlich am Ziel zu sein und eine ausgedehnte Pause machen zu können.

Herrlicher Sonnenschein lässt den Fluss in seiner ganzen Schönheit erstrahlen und die vom Niedrigwasser freigelegten, trockenen Felsen hell leuchten. Trotz des relativ niedrigen Wasserstandes ist das Flussbett hier etwa 40 – 50 m breit. Die Flussmitte weist deutlich tiefes Wasser mit erheblicher Strömung auf. An dieser Stelle ist eine Überquerung nicht möglich. Stromaufwärts ist auf der Karte eine kleine Insel im Fluss eingezeichnet. Vom jetzigen, entfernten Standpunkt aus betrachtet, scheint der Abschnitt vom jenseitigen Ufer zur Insel kein Problem darzustellen. Aber von hier aus zur Insel sieht es – je näher wir herankommen - ganz anders aus. Es bleibt immer eine Teilstrecke von einigen Metern mit schäumender Strömung übrig, die unpassierbar bleibt.

Auf einer Strecke von insgesamt etwa 2 km wird beharrlich weiter nach einem Übergang gesucht, aber einerlei, ob in Ufernähe oder in der Flussmitte, immer sind da einige Meter, die so tief und so reißend sind, dass der Versuch, hier mit vollem Gepäck eine Überquerung zu starten, sträflicher Leichtsinn wäre.

Die Bärenjagd wird oft von einem einzigen Mann betrieben. Hat er die Spur eines Bären aufgenommen, so nimmt er seinen Hund, (...) bindet ihm das Maul zu, damit er nicht bellen kann. Wittert nun der Hund den Bären, wird er unruhig und zieht an der Leine (...). Weiß nun der Lappländer, in welcher Richtung sich der Bär befindet, stellt er sich so, dass der Wind vom Bären zum Mann geht und nicht vice versa [umgekehrt], damit ihn der Bär nicht wittert, denn, durch helles Licht geblendet, vermag er ihn nicht auf größere Entfernung zu sehen. Der Lappe kriecht ihm auf einen Büchsenschuß entgegen. Wenn er nun auf den Bären schießt (...) und der Schuß sitzt nicht, weiß der Bär sofort, wohin er sich wenden muss, und setzt dem kleinen Lappen nach, dieser springt hurtig davon, den Eßranzen zurücklassend, wo er gerade gestanden. Wenn der Bär nun den Ranzen entdeckt, so reißt er ihn in tausend Fetzen. Inzwischen hat aber der Lappländer, nachdem ihm der erste Schuß mißlungen, wieder geladen, brennt den andern Schuß ab, und seine Hand braucht nicht zu zittern, denn entweder fällt der Bär oder gibt Fersengeld.   *[Linné, S. 180]*

Damit hat sich der Plan, am jenseitigen Ufer bis zum Beginn des Deltas entlang zu wandern und von dort mit Lennart, dem Teuren, das letzte Stück per Motorboot nach Aktse zu fahren, erledigt. So müssen wir denselben Weg zurück, den wir gekommen sind. Noch andere Routen würden den uns verfügbaren Zeitrahmen sprengen.

Wir genießen noch eine Zeitlang die warmen Sonnenstrahlen direkt am erfrischenden Nass, bevor wir den Rückweg zum Basislager antreten. Es geht direkt neben dem Gådokjágásj hoch, um so schnell wie möglich aus dem Urwald herauszukommen. Wieder sind die Elchpfade wirksame Helfer bei diesem Unterfangen. Allein, wir bekommen wieder keinen der Schaufelträger zu Gesicht.

Der Rückweg zieht sich wie Kaugummi. In der letzten Stunde schmerzt mein Rücken total. Ich denke, dass die Ursache hierfür das Bündel Reisig

...nur noch bis dahinten!

ist, das ich krampfhaft mal mit der linken, mal mit der rechten Hand um-
klammere, um ja kein Ästlein zu verlieren. Das Reisig und die Hosentasche voll Birkenrindenhaut brauche ich nachher zum Anblasen des Feuers. Salami lässt grüßen.

Nach etwa 7 Stunden und 15 km schlagen wir am Zelt an. Ich bin ganz
schön erschöpft, schäle mich aus den Gamaschen, Schuhen und Strümp-
fen und vergrabe mich im Schlafsack. Erst mal lang machen. Meine beiden Kompagnons tun es mir gleich.

V. l. n. r.: Skierffe, Nammatj und der See Laitaure

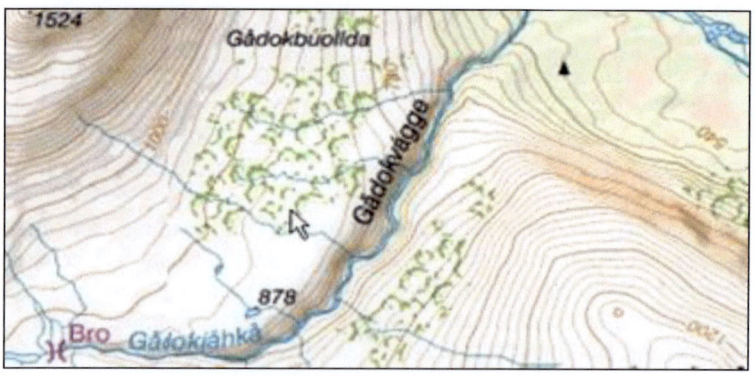

Das grüne wolkige Zeug ist die „Buschvegetation"

...nur noch bis dahinten!

Wegloser Urwald

Fit wie ein Lappe müsste man sein. Die scheint ja nichts umzuhauen. Zumindest, wenn man Carl von Linné glaubt, der während seiner Lappland-Expedition im Jahre 1732 auch mal mit zwei alten Lappländern (70 und 50 Jahre) einen ganzen Tag in den Bergen unterwegs war und sich am Abend wunderte, dass diese beiden, trotzdem sie das Reisegepäck getragen hatten, noch so fit waren. Beeindruckt von der guten Kondition der Nordländer, die er neidvoll zur Kenntnis nahm, suchte er nach den Gründen dafür:

Langsam macht sich Hunger breit, was gelegentlich zu eigenartigem Verhalten führt. Oder warum guckt mein Sohn mich so seltsam von der Seite an, als ich auf meinen Hut deute, den ich am Fußende meines Schlafsacks über die Füße gestülpt habe, und diesen nun freundlich nicken lasse? Immerhin spreche ich noch nicht mit meinen Socken...

Jens, der unermüdliche Expeditionskoch, legt sich wieder mal ins Zeug und kreiert eine kulinarische Köstlichkeit, hervorgezaubert aus dem tiefen Fundus unserer Vorräte: Spirelli-Nudeln, verfeinert mit einem Würfel Fetter Brühe – in erklecklicher Menge. Zum Dessert gibt's Nuss-Nougat-Creme an Müsliriegel. Darüber hinaus spendiert Niklas großzügige Stücke seiner laktosefreien Schokolade, da Jens und ich unsere „normale" Schoki schon vernichtet haben.

Nun herrscht Ruhe im Zelt, abgesehen von diversen Geräuschen, die im weiteren Sinne mit Verdauungstätigkeiten in Verbindung gebracht werden könnten. Luther hatte es seinerzeit deutlicher formuliert!

...nur noch bis dahinten!

*Also erwog ich die Frage (...), [warum die Lappen so schnell zu Fuß sind], zu lösen. **1.** [die Lappländer] gehen mit kängor (Schuhen), die keine Absätze haben (...). Dagegen die, so hohe und große Absätze haben, gehen schwerfällig. (...) Denn der Absatz nimmt den [Fußsohlenmuskeln] die halbe Richtung, schwächt sie. (...). **2.** [schon von Kindesbeinen an im Laufen geübt]. Sobald ein Lappenjunge gehen kann, muss er die Rentiere beisammen halten; wird er etwas größer, muss er den Rentieren folgen, die ständig schnell gehen (...). **3.** [von aller schweren Arbeit befreit]. Alle harte Arbeit (...) macht das Blut dick und den Körper steif. (...) ein Bauer bringt es nicht fertig, sich in den Zeh zu beißen, bleibt also der Lappländer leichter und geschmeidiger bei all seiner Arbeit, weil diese nicht grob ist und er auch keine [Arbeiten des Herkules] verrichtet. **4.** [Geschmeidigkeit der Muskeln]. Ein Seiltänzer streckt und biegt so oft als möglich seine Gelenke, damit sie geschmeidig werden sollen. (...) [So biegen die Lappländer auch stets die Gehmuskeln], sie sitzen mit gekreuzten Beinen, was ein andrer nicht lange sonder Mühe (...) machen könnte. **5.** [Fleischnahrung]. (...)Dagegen (...) [sind Fleischfresser wie Hund, Katze, Wolf, Löwe usw. insgemein biegsamer und geschmeidiger]. Die Lappländer (...) sind [Fleischfresser], denn im Frühling essen sie Fisch, im Winter das reine Fleisch und im Sommer Milch und [Käse]. **6.** [mit Wenigem zufrieden]. Ein Lappländer isst nicht so viel Grütze als im Bauch Platz hat, sondern jetzt ein bißchen und später wieder ein bißchen. (...) **7.** Der Lappländer ist mager und zart. Ich habe noch keinen Lappen mit einer Wampe gesehen. (...) **8.** Sind alle Lappländer klein, ich sah noch keinen, der so groß wie ich gewesen wäre. Ein großer und schwerer Körper vermag nicht so flink wie ein kleiner zu sein (...).*   *[Linné, S. 135f]*

Zum endgültigen Abschluss dieses schönen Tages werden gefühlt weitere Millionen Mücken gemeuchelt und ihre zerriebenen Leiber wahl- und ziellos irgendwo hin geschmiert.
Ohne jegliche Reue.
Drecksbrut!

Tag	Strecke km	Meter auf + ab	Start Level	Ende Level	Gipfel, Flüsse, Seen am Wegesrand
9	16	800	900	900	Gadokvagge Lulep Spatnek (816 m) Gadokvaratj (902 m) Alep Gadokjakatj Rapaätno
Kumulierte Werte	74	2635			

...nur noch bis dahinten!

Tag 10 | 25. Juli: Tagestour zum Gådoktjåkkåh

Nachts regnet es wieder. Mit schöner Regelmäßigkeit. Scheint an den hohen Bergen zu liegen, die unser Gebiet, das nur nach Süden hin offen ist, regelrecht einkesseln. Am Morgen reißt der Himmel etwas auf. Stellenweise, im wahrsten Wortsinne, ist blauer Himmel zu sehen. Wir nutzen eine 3-minütige Sonnenscheinsequenz und baden fix im Gletscherfluss.

> *Ein Strom von Zufriedenheit zieht hie und da durch meine Brust; niemand weiß, dass ich hier auf dem öden Felsen bin.*   *[Hamsun, S. 954]*

Das routinemäßig zubereitete Frühstück wird mangels geschmacklicher Überraschungen ebenso eintönig eingenommen. Letztlich ist man froh, wenn man den Topf Müsli endlich hinunter gewürgt hat.

Während des Frühstücks wird über das heutige Tourenziel beraten. Da das Wetter verspricht, einigermaßen trocken zubleiben, entscheiden wir uns für die Besteigung des „Hausberges", des Gådoktjåhkkå. Dieses Bergmassiv besitzt mehrere Rücken und Gipfel, die bis zu 1978 m hoch aufragen.

Der kalte, aber trockene Wind wird uns nicht davon abhalten. Wir überqueren die Brücke und folgen zunächst dem Abfluss des kleinen Gletschers direkt unterhalb eines dem Gådokgaskatjåhkkå vorgelagerten, namenlosen Gipfels mit 1885 m. Der ebenfalls namenlose Gletscherbach mündet genau an der Brücke in den Gådokjåhkå.

Der erste Teil des Aufstiegs führt über relativ weichen Boden mit eingestreuten Felsen und Steinen und ist recht angenehm zu begehen. Über gut 2 km geht es so bis auf etwa 1100 m (die Brücke befindet sich ziemlich genau auf 900 m Höhe). Dann wird es steiler und ab 1200 m noch steiler und ausnahmslos steinig. Geröll, so weit das Auge reicht. Nur ganz selten lugt eine einsame Pflanze zwischen den grauen Steinen hervor.

Der Wind bläst ziemlich stark. Wir befinden uns an der Ostflanke das Gådokgájsse, der einen Peak auf 1670 m besitzt. Die vorgelagerte Spitze mit 1524 m haben wir gemeinsam erreicht. Es fehlt noch gut 1 km bis zum Ende des Einschnitts, an dem die letzte Hürde in Form eines noch steileren Aufstiegs über 350 Höhenmeter bevorsteht.

„Also, die Spitze da oben guck' ich mir an", meint Niklas und deutet auf den 1670er Peak. „Wenn ich schon mal hier bin, dann will ich auf die andere Seite schauen." Das ist an sich keine schlechte Idee, zumal der

...nur noch bis dahinten!

Anstieg von hier (1524 m) auf den Peak etwas gemächlicher ansteigt und man von dieser Höhe 150 steile Höhenmeter weniger zu bewältigen hat. Andererseits ist das Herumturnen in diesem mittelgroßen Geröll auf Dauer ziemlich anstrengend und nervig. Jens und ich beschließen daher, etwa 50 m wieder abzusteigen und den letzten Kilometer auf dem großen Schneefeld zurückzulegen, das bis zum Ende des Einschnitts reicht, und erst dann bis auf die höchste Höhe wieder aufzusteigen.

Es ist zwar nicht weniger anstrengend durch den Schnee zu stapfen, aber etwas angenehmer zu gehen, als wenn man sich im Geröll jeden Schritt überlegen muss. Niklas zeigt sich regelmäßig auf dem Grat, damit wir wissen, wo er sich gerade befindet. Wir signalisieren ihm, dass wir ihn vor dem letzten Stück des Anstiegs zu unserem heutigen Ziel auf 1885 m treffen wollen, um diese letzte Anstrengung gemeinsam zu meistern. So geschieht es denn auch.

„Ihr hättet mitgehen sollen. Von dort oben hat man einen fantastischen Blick in das Rapadalen, auf den Skierffe und Nammatj und auf das Delta in der Ferne. Einfach klasse!" Niklas ist schwer begeistert von seinem Abstecher. Nun gehen wir gemeinsam die letzten 200 Höhenmeter an. Diese haben es allerdings in sich. Sie rauben mir fast die letzten Kräfte. In kurzen Serpentinen schraube ich mich langsam nach oben. Das Wetter ist inzwischen schlechter geworden. Zu dem Wind hat sich prickelnder Eisregen gesellt, der das Wohlbefinden nicht gerade fördert.

Dann sind wir endlich oben, auf 1885 m – fast 1000 Höhenmeter sind wir hinauf gestiefelt – nur um sie gleich wieder hinunter zu gehen. Wie bekloppt ist man eigentlich? Warum macht man so was?

Wenn ich mich allerdings umsehe und auf einige der über 200 Gipfel des Sarek blicken kann, weiß ich warum. Die Aussicht ist beeindruckend. Wir stehen auf dem zweithöchsten Punkt dieses Massivs und sehen im Westen die reichlich mit Schneefeldern behangene Steilflanke des Skájdetjåhkkå, nur durch das enge Jiegnavágge vom Gådoktjåhkkå getrennt. Weit im Osten erhaschen wir einen Blick auf das Rapadalen. Das hatte Niklas heute schon etwas deutlicher im Fokus. Im Süden liegt die offene Hochebene des Ijvvárlahko und etwas westlich davon das Bårdde-Massiv mit dem imposanten Gletscher Bårddejiegna, der sich mit seinen „Fingern" wie eine gigantische Eishand in den Fels krallt. Dort befinden sich auch Bårddetjåhkkå, Bålgattjåhkkå und Lullihatjåhkkå (alle um 2000 m), die den weiteren Blick nach Westen, Richtung Padjelanta – dem „oberen Land", wie die Samen es nennen – versperren. Weit im Norden, im Sarektjåhkkå-Massiv, lassen sich die höchsten Gipfel in diesem Nationalpark und in Schweden überhaupt ausmachen: Stortoppen (2089m) und

...nur noch bis dahinten!

Sydtoppen in Verbindung mit Nordtoppen (2023 m). Unser winziges Zelt dagegen ist von hier aus nicht auszumachen. Schließlich ist es zwischen 6 und 7 Kilometern Luftlinie entfernt.

Das Skandinavische Gebirge (auch *Skanden* genannt; oder schwedisch *Fjällen*) durchzieht die skandinavische Halbinsel von der norwegischen Skagerrak-Küste im Süden bis zum Nordkap. Das Gebirge hat eine Länge von etwa 1.700 km und eine größte Breite von 320 km. Den größten Anteil an diesem Gebirge haben Norwegen und Schweden und es bildet in der Regel die Nationalgrenze zwischen diesen beiden Ländern. Die Skanden bilden im nördlichen Bereich die Wasserscheide Skandinaviens.

Erdgeschichtlich entstand das Gebirge vor ungefähr 420 – 380 Millionen Jahren. Nachdem Pangäa, der Urkontinent, auseinanderbrach und die Plattentektonik in vollem Gange war, stießen der Kanadische Schild und der Baltische Schild zusammen und formten das sogenannte Kaledonische Gebirge, von dem die Skanden ein Teil sind. Während der Eiszeit waren die Skanden nahezu gänzlich unter einer 1500 Meter dicken Eisschicht begraben. Der Gletscherschliff führte in den folgenden Äonen zu häufig runden, weichen Bergformen, seltener zu ausgeprägte Gipfelformen. Diese findet man eigentlich nur im norwegischen Teilgebirge Jotunheimen (mit Europas größtem Festlandgletscher, dem Jostedalsbreen) und im schwedischen Sarek-Nationalpark. In Jotunheimen erreichen die Skanden mit dem 2.469 m hohen Galdhøpiggen den höchsten Punkt Nordeuropas und Norwegens. Der Kebnekaise stellt mit 2.111 m den höchsten Berg Schwedens. Nirgendwo sonst in Skandinavien knacken die heutigen Gipfel die 2000er-Marke.

Heute kann ich endlich meine Mission erfüllen! Mein Freund Oliver, mit dem ich meine ersten Touren in Lappland unternommen habe, hatte mir vor Antritt dieser Reise per E-Mail einen wunderschönen Urlaub gewünscht und eher scherzhaft darum gebeten, ein Steinmännchen für ihn zu errichten. Die Gelegenheit könnte günstiger nicht sein. Schon vor Tagen hatte ich mir diese Aktion gedanklich ausgemalt: eine Botschaft, wasserdicht in ein Filmdöschen eingerollt, soll in dem neuen Steinmännchen für die Nachwelt hinterlegt werden und das Ganze muss natürlich fotografisch dokumentiert werden.

Genauso geschieht es nun auch. Mit eiskalten Fingern wird ein kleines, etwa 40 cm hohes Steinmännchen installiert – hier auf 1885 m. Die Botschaft hatte ich in den letzten Tagen vorbereitet und das Filmdöschen heute Morgen eingesteckt.

...nur noch bis dahinten!

Hier ist die Botschaft:

I set up this stoneman
for my old friend Oliver G*, who brought the Northern Lands near to
my thoughts some decades ago.
Together we made our first trekking tours
through the world heritage Laponia
and thus, a deep passion for this area
with its marvelous landscapes
was fixed in my mind and will remain there as long as I live.

Dietrich B. Sasse said in the 1950s:

"Who was wandering once in Lapland
has fallen for its romantic magic.
He can break the spell only by his return.

Written in July 2012 by Klaus Heyne

Ollis Steinmann wird gesetzt

...nur noch bis dahinten!

Unmittelbar nach dieser Pioniertat – die Finger noch immer klamm vom eisigen Wind – treten wir zügig den Rückweg an, vor allem, um dem Wind zu entkommen. Wir befinden uns nun auf dem Bergrücken oberhalb des Schneefeldes, auf dem Jens und ich bis zum Ende des Tals vorgedrungen sind.

Zunächst ist es natürlich noch steinig, aber nach den ersten etwa 400 Höhenmetern geht es mit einem stetigen Gefälle abwärts. Das Schlussstück führt wieder über schön bewachsenen Boden. Den finden die Rentiere scheinbar auch ganz toll. Normalerweise sollte hier eine Herde neben der anderen stehen – wenn nicht hier, wo dann? Aber in echt haben wir noch keinen einzigen naturverpackten Rentierschinken erblickt. Lediglich renlose Geweihe gibt's hier reichlich. Ich räume ein wenig die Landschaft auf und sammle ein Dutzend kleinerer Geweihe - einzelne Stangen – ein, die zu Hause gut zu Dekorationszwecken eingesetzt werden können.

Das war eine schöne Tour. Aber auch anstrengend – immerhin 1000 Meter hoch und wieder runter. Da können wir gleich guten Gewissens die nächste Salami ermorden und uns einverleiben.

Tag	Strecke km	Meter auf + ab	Start Level	Ende Level	Gipfel, Flüsse, Seen am Wegesrand
10	14	1960	900	900	Gipfel 1524 m Gadoktjakka (1885 m) Gadokkaskatjakka (1978 m) Piellorieppe (1830 m) Unna Stuolo (1766 m) Skaitetjakka (1933 m) eigener Steinmann Gadokkaise (1670 m)
Kumulierte Werte	88	4595			

...nur noch bis dahinten!

Tag 11 | 26. Juli: Brücke am Gådokjåhkkå | 3. Ruhetag

Faultag. Wir pennen bis in die Puppen und verpassen das obligatorische Müsli-Frühstück. Flexible Leute hadern nicht mit verpassten Möglichkeiten, sondern machen Bratkartoffeln zum „Brunch". Die vorgegarten Bratkartoffeln im Alubeutel sind eine der schwerwiegenden Lebensmittelkomponenten. Darum haben wir derartige kulinarische und kalorienreiche Highlights nur für eine begrenzte Zahl von Tagen vorgesehen.

Die Kartoffeln werden verfeinert. Nein, nicht mit fetter Brühe, sondern – wer hätte das gedacht - mit Salami, die parallel zum Brutzelprozess der Kartoffeln am offenen Feuer geröstet wird. Die vorgestern gesammelte Birkenrinde im Urwald des Rapaätno und die Handvoll Reisig sind der perfekte Firestarter.

Pralle Bäuche, sattes Gefühl! Jens flegelt sich mit Isomatte und Schlafsack in die Botanik und liest sein Buch. In diesem Jahr hat er „Wassermusik" (von T. C. Boyle) dabei. Niklas hockt auf einem Felsen und zeichnet unser Zelt. Ich mache wieder eine kleine Fotosafari in die nähere Umgebung. Es bleibt den ganzen Tag über trocken.

Später wird eine Proviantinventur gemacht. Dabei kommt heraus, dass noch 11 warme Mahlzeiten für 9 kommende Tage zum Verzehr bereit stehen. Niklas und ich sind der ökonomisch begründeten Meinung, dass der Überschuss unverzüglich, d.h. ohne schuldhaftes Verzögern, in unsere körpereigenen Energiebilanzen reinvestiert werden muss. Im Klartext: statt des übergangenen Müslis von heute Morgen, das Jens uns heute Abend auftischen wollte, plädieren wir vehement für Asia-Nudeln. Gelobt sei, was satt macht!

Eine Geweihzählung steht noch aus, verbunden mit der Auswahl, was mitgenommen werden soll und was nicht. Schließlich haben wir schon einen Haufen zusammengetragen. Aber voller Bauch macht gar nichts gerne. Machen wir dann vielleicht morgen nach der Gletschertour zum Bårddejiegna, dessen Zunge laut Karte etwa 7 km westlich von uns zum Anfassen nah ins Tal reicht. Über alldem thront der Bårddetjåhkkå mit stolzen 2005 m, der höchste Berg der Umgebung und zugleich einer der höchsten Sarek-Berge überhaupt.

...nur noch bis dahinten!

Tag 12 | 27. Juli: Tagestour auf den Bårddejiegna

Alles ist trocken, alles ist schön. Der Tagestrip zum Gletscher kann stattfinden. Wir lassen uns Zeit – schließlich sind wir ja im Urlaub – und starten erst gegen halb zwölf Uhr. Da ich heute mit etwa 17 bis 20 km und dabei mit einigen Auf- und Abstiegen rechne, lege ich vorsichtshalber meine Kniemanschette an. Zum ersten Mal hier oben. Bislang gab's überhaupt keine Probleme mit meinem operierten Meniskus. Die Knie-Docs haben erstklassige Arbeit geleistet.

Locker bewölkter Himmel, der immer wieder die Sonne durchscheinen lässt, sorgt für eine freundlich-angenehme Wetterstimmung. Wir starten diesseits des Gådkokjåhkkå – also keine Brückenüberquerung – und folgen dem Fluss in westliche Richtung zunächst über liebliche Hügel. In der Nähe gibt es eine einsame, verschlossene Samenhütte (Renvaktarstuga), die wir auf dem Weg zum Gletscher passieren.

Ganz allmählich – über eine Strecke von etwa 6 km - gelangen wir von 900 auf 1100 m. Einige kleinere Wasserläufe wollen dabei übersprungen werden. Der Berg Lullihatjárro zur Rechten mit seinen lediglich 1586 m, rückt immer näher. Direkt dahinter in Marschrichtung beginnt laut Karte der Gletscher, dessen Zunge sich bis in die Mitte seiner Flanke vorschiebt.

Etwa 3 km nördlich des Lullihatjárro erhebt sich auf 1825 m der Gaskastjåhkkå. Hier kann man wählen, ob man westlich an ihm vorbei ins Lullihavágge oder östlich vorbei ins Gaskasvágge wandern möchte, um später in das kreuzende Sarvesvágge zu gelangen. Nach unserer ursprünglich geplanten Route wären wir von Norden her durch das Lullihavágge gekommen, um dann das Basislager dort einzurichten, wo es jetzt auch steht.

Das Wetter ist klar. Wir können die Berge in ihrer stolzen Pracht bewundern. Überall um uns herum sehen wir dunkle Bergflanken mit Schneefeldern behangen. Das Landschaftsbild hat sich mittlerweile komplett verändert. Die lieblichen bewachsenen Wellen in der Erdkruste sind nacktem Stein gewichen. Wir befinden uns momentan direkt unterhalb eines Steilhangs des Boarektjåhkkå (1805 m). An seinem Fuß hat sich eine riesige Schutthalde angesammelt. Es scheint, als könne man die Erosion hier live und in Farbe mitverfolgen. Auf dem Talgrund mischen sich mehr und mehr Schuttanteile zwischen die größeren Felsen, die motivationslos hier herumliegen. Pflanzen gibt es praktisch gar keine mehr.

...nur noch bis dahinten!

Wir müssen feststellen, dass Karte und Wirklichkeit nicht (mehr) übereinstimmen. Die eingezeichnete Gletscherzunge gibt es in dieser Größenordnung nicht mehr. Seit Drucklegung der Karte (2009) ist der Gletscher geschätzt 3 km (!) weggeschmolzen. Wir laufen nun praktisch über dem – erdgeschichtlich betrachtet – frisch vom Eise befreiten Talgrund und erleben hautnah wie es normalerweise unter dem Gletschereis aussieht.

> *Nun war ich ins Hochgebirge gekommen. Überall rundum lagen schneebedeckte Berge, und ich selbst ging wie im stärksten Winter im Schnee (...). Die hohen Berge (...) waren nicht steil abfallend, sondern mit Steinen überstreut. (...)*
>
> *[Linné, S. 123]*

Schotter, Geröll, klein gemahlenes Steingebrösel so weit das Auge reicht. Eine Vielzahl kleinerer Erhebungen und Vertiefungen erinnern an einen Frontabschnitt im I. Weltkrieg. Fehlt nur der Stacheldraht. Eine Trostlosigkeit, die ihresgleichen sucht. Dabei ist es totenstill. Und kein Lüftchen regt sich. Nur wenn man den eingestreuten Schneefeldern oder Resteisflächen näher kommt, ist ein leises Murmeln des Schmelzwassers zu vernehmen.

Seit der Entstehung der Gebirge vor Millionen von Jahren hat die Erosion ganze Arbeit geleistet. Dabei haben die Gletscher der letzten Eiszeiten aber nur einen sehr kleinen Beitrag zur Einebnung geleistet. Der größte Abtrag fand durch Wind und Wetter in den unglaublich langen Zeiträumen statt, die seit der Bildung Skandinaviens vergangen sind. Von mehreren Gebirgen, die nacheinander entstanden, ist nur noch das jüngste, das Kaledonische Gebirge, als Berglandschaft vorhanden. Alles andere ist verschwunden. Verwittert und eingeebnet. Man schätzt die Höhe der abgetragenen Gesteinskruste auf 10 Kilometer – und das ist eine zurückhaltende Schätzung. Möglicherweise fehlt noch mehr.

Wer in Skandinavien auf den vom Eis polierten Gesteinen spazieren geht, läuft inmitten uralter, abgetragener Gebirge. Verkehrsflugzeuge fliegen in dieser Region da, wo einst die Gipfel waren.

Und dennoch gibt es auch hier Leben. Auf einem Schneefeld etwa 200 m voraus entdeckt Jens den Bergfuchs: Fjällräven. In seinem fahlen Sommerkleid galoppiert er über den Schnee, hält einmal inne, blickt in unsere Richtung und verschwindet dann zwischen den zahlreich herumliegenden Felsen.

Wir orientieren uns neu. Der Bårddejiegna hat 5 Finger. Vom Basislager aus kann man den nördlichsten und zugleich dicksten und dessen benachbarten Finger sehen. Diese werden von den fast senkrecht abfallenden Flanken des Lullihatjåhkkå (1940 m), des Tvillingryggen (1846 m) und des Balgattjåhkkå (2002 m) umkränzt. Mittlerweile sind wir fast bis an den Ausläufer des Balgattjåhkkå herangekommen, ohne über Schnee oder Eis zu gehen. Soweit ist der Gletscher schon geschrumpft.

Die Stelle mit dem gemäßigten Aufstieg am östlichen Rand des kartographierten Gletschers, haben wir schon längst überlaufen, weil wir uns am wirklichen Gletscher orientiert hatten. Der Plan war, am Rande des Eises hoch aufzusteigen und auf dem Rücken das verlassene „Pårtetjåkkå Observatorium" aufzusuchen. Jetzt sind wir längst über diese Stelle hinaus und schon fast am Ende des Talkessels angelangt. Möglicherweise gibt es hier aber doch noch eine Möglichkeit, auf den die Gipfel verbindenden Bergrücken zu gelangen. Dann könnten wir dort oben in Richtung Osten wieder zurück zum Zelt gehen. Dabei würden wir zwangsläufig auch das Observatorium passieren.

Der vergleichsweise gemächlich ansteigende Rücken des Balgat-tjåhkkå bietet sich zum Aufstieg an. Hat man aber den Rücken erreicht, steht man nach weiteren 500 m vor einer ca. 30 – 50 m breiten Schneebrücke, die den steinernen Rücken unterbricht und zu der uns sichtbaren Seite steil abfällt. Vermutlich sieht es auf der Gegenseite nicht anders aus. Die Breite des Schnee- bzw. Eisgrats kann nicht mehr als 2 m betragen – großzügig geschätzt. Das erscheint uns zu gefährlich und nicht kalkulierbar.

Dafür liebäugeln wir mit dem mittleren „Finger". Hier scheint es machbar zu sein, über den Nordhang hochzukommen. Das wird zwar im letzten Teil verflucht steil, geht aber größtenteils über Geröll. Wir versuchen es einfach.

Die erste Hälfte ist problemlos zu bewältigen. Wo ehedem der Gletscher weilte, lässt uns seine trümmerartige Hinterlassenschaft in selbstgewählten Serpentinen etwa 400-500 Höhenmeter unspektakulär hinaufkeuchen bis wir vor dem steil aufragenden Endstück stehen. Um diese letzten 300-400 Höhenmeter genauer studieren zu können, muss man den Kopf schon deutlich in den Nacken legen. Mein lieber Schwan – aber jetzt aufgeben?

Zwischendurch, das heißt auf etwa zwei Drittel der Himmelsleiter, gibt es ein paar langgezogene Schneefelder, die eventuell hilfreich sein können. Jens geht voran und macht mit seinen festen Bergschuhen Tritte in den Schnee, die Niklas und ich als „Treppenstufen" nutzen. So geht es langsam voran. Im allerletzten Stück geht es nochmal über Fels und großformatiges Geröll.

...nur noch bis dahinten!

Wie damals in Norwegen auf dem Besseggen-Grat muss auch hier permanent Hand angelegt werden – so steil ist es. Wir gehen nicht in einer Linie, sondern versetzt, damit dem Untermann kein Stein aufs Haupt gelegt wird. Niklas schiebt mir einmal einen Wackermann entgegen, dessen kinetische Energie glücklicherweise nicht ausreicht, seine Position endgültig zu verlassen. Das eine oder andere Mal schickt sich ein Stein an, ins Rutschen zu geraten, bleibt aber regelmäßig im Kleingeröll hängen.

Der Schneegrat am Balgattjåhkkå

Dann sind wir endlich und tatsächlich oben, direkt herausgekommen neben einem dicken Steinmann, der die höchste Stelle markiert. Diese Anstrengung hat sich wirklich gelohnt. Die Sicht ist klar; nicht nur auf die benachbarten Berge. Wir können in der Ferne die hohen Gipfel des Sarektjåhkkå ausmachen wie etwa Nord-, Syd- und Stortoppen, die höchsten Sarekgipfel, obwohl eine geschlossene Wolkendecke über uns schwebt.
Die Rundumsicht ist fantastisch. Wir genießen das Panorama eine ganze Weile. Dann machen wir uns auf den Rückweg, allerdings nicht ohne dem dicken Steinmann noch ein Steinchen obenauf zu legen.

Wir sind gespannt auf dieses Observatorium, an dem wir vorbeikommen müssen, wenn wir an den Rändern der "Finger" des Gletschers entlanggehen. Wir hatten Glück mit dem Timing: bei Erreichen des Gipfels hatte sich schon eine weitreichende Wolkendecke gebildet, unter der man noch „drunter her" gucken konnte. Jetzt sinkt sie stetig und bietet sich in den höheren Lagen als Nebel dar. Bald ist die Sicht gar nicht mehr grenzenlos, sondern erschöpft sich schon nach ein bis zwei Dutzend Metern.

Das Observatorium wurde errichtet von Axel Hamberg, der wie weiter oben bereits erwähnt, über 4 Jahrzehnte den Sarek

> „(...) gingen wir über den Gletscherberg. Nachdem wir ein Stück gewandert waren, erblickten wir eine dicke Wolke im Nordosten; sie (...) verdeckte uns so den Horizont, dass wir weder Sonne noch Mond zu sehen vermochten, auch nicht die umliegenden Bergspitzen. Wir wussten nun nicht, wohin wir uns wenden sollten, fürchtend, wir könnten in einen Abgrund stürzen (...). Wir sahen keine zwei Ellen weit(...). Zum Glück aber fanden wir eine Renspur (...). Diese wies uns den Weg.   [Linné, S. 154]

studiert hat wie kein anderer. In diesem Observatorium sind naturwissenschaftliche Untersuchungen des Sarek-Gebirges vorgenommen worden. Es ist in den frühen Jahren des 20. Jahrhunderts - genau: 1911 - gebaut worden. Das Material dazu musste auf den Rücken der Forscher hochgetragen werden. Insgesamt hat Hamberg 5 solcher Forschungshütten im Sarek-Gebirge errichtet. Axel Hamberg hat diese Blechhütten selbst entwickelt. Dort wurden schließlich die klimatischen und geologischen Verhältnisse im Lappländischen Gebirge und die Flora untersucht.

Nebenbei hat Axel Hamberg 1922 den ersten Sarekführer „Sarekfjällen" geschrieben, der dann vom STF herausgegeben wurde.

Nebel

...nur noch bis dahinten!

Stufen-Jens

Meet us on top!

...nur noch bis dahinten!

Um es kurz zu machen: wir finden das Observatorium nicht. Jens vermutet, dass uns die „Kjöttbullar-Kneter nur verarschen wollen!" Vermutlich haben wir uns nur zu dicht an der Felskante gehalten und der Nebel hat dann sein Übriges dazu getan. Naja, es hat halt nicht sollen sein.

Von der Position des Observatoriums aus trennen uns noch 10 km und etwa 900 Höhenmeter von den Röstis, die es heute Abend geben soll. Na, dann mal los.

Selbst hier oben auf dem Bergrücken gibt es keinen „festen Fels", sondern ebenfalls nur Schotter und zerbröselten Schutt. Die Schuhe sind nass durch den Schnee, den wir reichlich durchschritten haben – langsam werden die Füße kalt. Wir schreiten zügiger aus, in der Hoffnung, dass sie dadurch wieder warm werden.

Wir folgen dem langgezogenen Rücken. Das ist auch in dem Nebel kein Problem, der ab einer bestimmten Höhe dann auch nicht weiter fällt. Somit bessert sich die Sicht, je weiter wir absteigen. Bald können wir wieder weit in Richtung Süden blicken. Vor dem Boarektjåhkkå breitet sich grün und blau die von Wald durchzogene Sumpf- und Seenplatte um

> *Wir eilten nach einer Hütte und mussten über einen Abhang hinunter, so steil, dass ich ihn gar nicht gehen konnte, sondern mich auf den Rücken legte und hinunterrutschte, welches auch so geschwind ging, als wär ich ein abgeschossener Pfeil.*   *[Linné, S. 153f]*

die Siedlung Parek aus. Der Blick ist frei bis Kvikkjokk – Endpunkt des mittleren Kungsleden-Abschnitts mit Straßenanschluss.

In Marschrichtung tut sich die komplette Hochebene Ijvvárlahko hinter unserem Basislager auf und wir können schon jetzt visuell ausmachen, welchen Weg wir übermorgen, wenn der Rückweg beginnt, günstigerweise wählen sollten, um die Buschvegetation zu umgehen.

Die letzten 600 Höhenmeter hinunter gestalten sich einfach, da bestimmt zwei Drittel davon rutschenderweise über Schneefelder zurückgelegt werden. Das macht Laune! Kein geeignetes Schneefeld wird ausgelassen. Unten im Tal schlendern wir gemächlich über wieder weichen, gut begehbaren Boden. Auf den letzten 2-3 km sind Jens und Niklas wieder ein Stück voraus. Ich folge etwas langsamer, habe dafür aber mehr Muße, die meist hellen, von Wind und Wetter gebleichten Rentiergeweihe zu entdecken, die hie und da im Fjäll herumliegen. Ich tue, was ich tun muss und räume mal wieder das Fjäll auf. 4 Rentiergeweihe – von den Kleinen – werden die Sammlung vervollständigen.

Fast 9 Stunden waren wir unterwegs und haben gut 24 km Strecke und über 2000 Höhenmeter zurückgelegt. Berechtigung genug, ermattet sein zu dürfen. Jens und ich gehen noch fix baden, um den Schweiß abzuspülen. Ich nutze die Gelegenheit und das noch immer freundliche Wetter dazu, Hemd, Hose und Unterwäsche einmal durchs Wasser zu ziehen. Bringt natürlich fast nix – die Klamotten riechen danach immer noch, als hätte man den Pumakäfig damit aufgewischt. Die Mattigkeit hilft, die Gleichgültigkeit den

> *An den Herden wurden Kesselhalter gebraucht. Die Lappländer nehmen bloß einen Pfahl, rammen ihn schief in die Erde und hängen einen Kessel oder einen Fisch daran.*   *[Linné, S. 93]*

Mücken gegenüber zu stärken. Ach, lass' sie doch einfach stechen….

Zurück am Zelt bedient Jens wieder virtuos die Outdoor-Küche und dengelt auf 2 Kochern in 3 Töpfen simultan Rösti für alle. Ich entfache parallel dazu erneut ein Feuer und zusammen mit meinem Sohn rösten wir eine Viertel Salami als Zugabe für die Rösti. Wir speisen am offenen Feuer und genießen das Mahl, das wir uns redlich verdient haben. Satt und zufrieden begeben wir uns in die Horizontale, raffen den Oberkörper nur noch auf, um heißen Tee in die obere Körperöffnung zu gießen.

Danach gibt es nichts mehr zu tun. Jens versucht, im schwindenden Tageslicht die eine oder andere Seite zu lesen, während Niklas schon in Morpheus Armen weilt.

Nach einigen teebedingten Pinkeleinlagen ist dann endgültig Ruhe.

Ende einer Rutschpartie

...nur noch bis dahinten!

Müsli mit Fleischeinlage

Tag	Strecke km	Meter auf + ab	Start Level	Ende Level	Gipfel, Flüsse, Seen am Wegesrand
12	24	2210	900	900	Skaitetjakka (1933 m) Lullihatjarro (1586 m) Parektjaka (1805 m) Lullihatjakka (1940 m) Tvillingryggen (1846 m) Balgattjakka (2002 m) Barddetjakka (2005 m) Gletscher Barddejegna
Kumulierte Werte	112	6805			

...nur noch bis dahinten!

Tag 13 | 28. Juli: Basislager – 4. Ruhetag

Eigentlich ist heute lediglich Housekeeping angesagt: Aufräumen, Geweihbestand sichten und sortieren, Vorbereitungen zum Packen treffen, usw., usw. Doch heftiger, andauernder Regen bis weit in die Vormittagsstunden verhindert dies erfolgreich.

Erst ab Mittag lässt der Regen nach und endet irgendwann auch, so dass damit gerechnet werden kann, dass doch noch einige Sachen an der Luft trocknen können.

Der weitere Tag verläuft liefert dann doch noch ein Ereignis: aus dem in Rittak requirierten Mehlgemisch kreieren wir noch einmal in reichlich Fett gebackene „Vindskydd-Bratlinge". Diese werden in Fetter Brühe zerbröselt und wie dicke Croutons verspeist. Lecker, lecker!

> *Dieser Fisch [Saibling] findet sich in den Lappseen im Überfluss. Das Fleisch war rot und schmeckte gut (...)*
> *a) war frischer gekochter Saibling (...),*
> *b) der andre, ein ganzer Saibling, frisch, an einem Holzspieß über dem Feuer gebraten (...),*
> *c) der dritte war gesalzen, ein getrockneter Saibling (...). Sie tranken die Kochbrühe vom Fisch dazu (...).* [Linné, S. 124]

Niklas hat mal versuchsweise eine dürftige Angel (Schnur und Haken) eingesetzt, was allerdings nicht von Erfolg gekrönt war. So ein frischer Schwimmer wäre eine willkommene Abwechslung gewesen.

Leider hatten wir in diesem Jahr immenses Pech, was die Begegnung mit Rentieren anbelangt. Nicht ein Einziges haben wir gesehen, geschweige denn eine Herde, wo man sich gegebenenfalls heimlich einen Topf Milch hätte erschleichen und kunstvoll weiterverarbeiten können.

> *Kappa-tialmas oder kappi (..). Wenn die Renmilch (...) warm wird, (...) bildet sich auf ihr eine epidermis [Haut] welche (...) heruntergenommen, in eine Renblase (...) getan, an der Wand getrocknet und so gegessen wird. (...) oft werden Beeren hineingemischt. Zu Brei gerührte und mit Renmilch gemischte Moltebeeren ergeben bei ihnen ein Gericht, das gut schmeckt.*
> [Linné, S. 121]

...nur noch bis dahinten!

Tag 14 | 29. Juli: Basislager – Vindskydd Rittak

Regen! Reichlich Regen! Die ganze Nacht. Und noch länger. Keiner verspürt Lust, sich aufzuraffen.

„Oh, oh, wir saufen ab!" Jens plötzlicher Zwischenruf wirkt wie ein Elektroschock.
Tatsächlich! Der ganze Zeltboden ist schon patschnass. Alle Isomatten von unten natürlich auch. Ebenso die Schlafsäcke dort, wo sie Kontakt mit dem Zeltboden hatten. Und eine Menge anderer Sachen, die an den Fußenden der Matten abgelegt waren.
Wir sind schlagartig wach und legen zunächst alles auf die Isomatten. Dann beginnen wir eilig, aber nicht hektisch, einzupacken.

Das Zelt steht quasi auf einer Geländestufe. Der heftige und dauerhafte Regen hatte ein Rinnsal erzeugt, das sich über die Stufen im Gelände fortpflanzte. Und dabei gnadenlos mitten durchs Wohnzimmer floss.
Momentan regnet es nicht mehr. Doch die Wolken hängen sehr tief im Tal und schneiden die Gipfel aller umliegenden Berge nach oben auf einer Höhe ab. Wir packen zügig weiter. Zum Schluss wird das nasse Zelt in meinem Rucksack verstaut. Das wiegt nun bestimmt gute 2 kg mehr als im trockenen Zustand. Auch das Seil, das als Wäscheleine benutzt wurde, hat sich auf das doppelte Gewicht vollgesogen.

Es ist schwül. Die grauen Wolken hängen noch immer tief herab. Wir rüsten uns gegen weitere Güsse von oben und starten voll aufgerüscht mit Regenjacken und Regenhosen.
Die Route soll dieses Mal NICHT durch die sumpfige Buschvegetation verlaufen, sondern mehr östlich, oberhalb des Grünzeugs. Wir wollen den Rückweg nach Saltoluokta gemütlich gestalten und nach etwa 6 km am Hang des Suolanjunnje (1088 m) übernachten. Morgen soll es dann weitere 6 km bis zum Vindskydd Rittak gehen. Ob dort ebenfalls das Zelt aufgeschlagen werden soll hängt von Lust und Laune und dem Wetter ab.

Die Etappe ist noch keine 2 Minuten alt, als ich unbedingt die Jacke loswerden muss. Der Schweiß läuft in Strömen am Körper herunter und meine Kondition tendiert schon jetzt gegen Null. Den anderen geht es ähnlich. Keine Ahnung, woran es liegt. Nun, auf jeden Fall geht es jetzt hemdsärmelig weiter.
Irgendwie klappt es heute auch nicht mit dem Umgehen des Sumpfes und der Weiden. Wir latschen wieder mitten durch. **Sumpf mit Alles!**

...nur noch bis dahinten!

Hatten wir doch schon nicht nur einmal.

Einmal hält uns ein Bach mitten im Sumpfland auf. Etwa eineinhalb Meter breit, aber Oberschenkeltief. Er mäandriert fröhlich durchs Gelände, bietet aber keine Möglichkeit, ohne Aufwand trocken hinüber zu gelangen.

„Jens, kannst du dich daran erinnern, was wir damals in einer ähnlichen Situation gemacht haben?"

„Du meinst, rüber werfen?"

Ich nicke und wir greifen Niklas Rucksack. Er selbst ist schon rüber gesprungen und soll seinen Gepäckcontainer in Empfang nehmen und da-

Wat in den Weiden

für sorgen, dass er nach der Landung nicht in den Bach rollt. Wie damals nehmen wir den Sack zwischen uns und schwingen ihn hin und her, um ihn bei „Drei!" fliegen zu lassen. Doch schon bei „Zwei" bemerken wir die große Unwucht, wahrscheinlich hervorgerufen durch die aufgeschnallte Elchschaufel. Die hatte ich am 6. Tag in den Weiden gefunden und dem überlassen, der die zusätzlichen ca. 2 kg unbedingt auch noch schleppen wollte. Die Schleuderaktion wird abrupt abgebrochen. Der Rucksack würde unweigerlich mit einem großem Platsch im Bach aufschlagen und versinken. Ich opfere mich, mache mich von der Hüfte ab nackig und trage die Rucksäcke hinüber. Am anderen Ufer wieder anziehen. Und das Ganze für knappe 2 m.

Leider sind wir noch nicht raus aus dem Scheiß. Im Gegenteil: es wird noch schlimmer. Wir passieren nun Sumpfstreifen, in denen man tiefer einsinkt als die Schuhe hoch sind. Also läuft Wasser hinein. Das bedeutet letztlich: Kneippkur für den Rest des Tages. Man muss nur aufpassen, dass man in den Schuhen keine Fische zertritt.

> [In die Schuhe legen die Lappen trockenes Riedgras mit herabhängenden Ähren], kämmen es mit einem Eisen- oder Hornkamm, damit es schön weich wird, zwischen den Händen. Später, getrocknet, legt man es in die Schuhe und schützt sich so, wenn man ohne Strümpfe läuft, gegen die starke Kälte.
>
> [Linné, S. 113]

Der Kraftaufwand wächst stetig und noch mehr mit jeder eingeschobenen Steigung. Längst schon haben wir den Plan einer Zwischenstation aufgegeben. Das heutige Etappenziel muss Rittak sein, damit wir die nasse Ausrüstung und vor allem die Schuhe irgendwie trocknen können. Die geplanten 6 km haben wir also schon hinter uns und ich denke mit Schaudern an die nächsten sechs bis zum Vindskydd. Aber irgendwann muss doch diese überflutete Hochebene ein Ende haben. Und dann diese unendlichen Weiden.... Dieses zähe und widerspenstige Kroppzeug. Ich träume alp von diesem Gesträuch.

Die nächste langgezogene Steigung verlangt meiner nicht mehr vorhandenen Kondition einiges ab. Ich habe das Gefühl, die Weidenbüsche leben und wollen mich mit Gewalt bei sich behalten. Ich keuche hinter meinen beiden Kameraden her, die schließlich artig auf der nächsten Anhöhe auf mich warten.

ENDLICH! Wir sind raus aus den Weiden. „Sumpf mit Alles" ist passé. Keine Buschvegetation mehr. In Marschrichtung neigt sich das Gelände sanft wieder abwärts. Etwa 1-2 km voraus sind Gruppen von Birken erkennbar. Die erwartete Baumgrenze ist in greifbarer Nähe. Wir glauben, von dort nur noch ein wenig abwärts durch den Wald gehen zu müssen, um quasi direkt neben Rittak auf den Kungsleden zu treffen.

Bisher hat es noch nicht wieder geregnet. Die Wolken hängen aber immer noch tief und hüllen die Berge um uns herum ein. Das ist der Umstand, der etwas Uneinigkeit über den momentanen Standort hervorruft. Links von uns sind zwei von Wolken abgeschnittene Höhen erkennbar. Niklas und ich sind der Meinung, dass wir uns weiter östlich halten müssen. Jens dagegen ist sich sicher, dass sich Rittak in direkter Linie zu unserem momentanen Standort befindet. Eigentlich müssen wir genau wie auf dem Hinweg zwischen den beiden Höhen Stuor Dágár und Favnoajvve hindurch. Die herabhängenden Wolkenbänke sind bei der Orientierung nicht gerade hilfreich. Schließlich überzeugt Jens uns irgendwie und wir stiefeln geradlinig auf die Baumgrenze zu.

> *Der Lappen Kompass ist:*
> *1. Große Fichten, welche an der Südseite mehrere [Äste] haben, an der Nordseite keine.*
> *2. Ameisenhaufen; an der Sonnenseite wächst Gras und [Blaubeeren] an der Nachtseite nichts.*
> *3. Die Espe, [Rinde] zottig gegen Norden, glatt gegen Süden.*
> *4. Dürre Kiefern im Moor, [schwarze Bartflechte wächst an der Nordseite]. Danach können sie ihre Reise durch den wilden Wald tun, tue du ein gleiches.* [Linné, S. 207]

Voller Elan – soweit bei einigen Expeditionsmitgliedern möglich - und mit dem Gefühl, es in absehbarer Zeit geschafft zu haben, tauchen wir in den weglosen Birkenwald ein. Die Zahl der nordischen Krüppelbirken ist Legion. Der arktische Urwald verschlingt uns. Wir versuchen, möglichst geradlinig Richtung Süden zu gehen, was durch die eigenwillige Geländeformation häufig torpediert wird. Der „edle Faltenwurf" im Gelände zwingt häufig zu überraschenden Kehren und Umwegen. Sehr oft sind „Wälle" zu überwinden, die zwar nur ein paar Meter Steigung bedeuten, aber dafür knackig sind und meine letzten Kraftreserven angreifen.

Der erwartete Kungsleden macht sich rar. In dieser Sache tut sich erst mal nichts. Irgendwann verlieren Niklas und ich Jens aus den Augen. Ich komme einfach nicht so schnell nach. Naja, wir werden ihn schon wieder treffen.

Mittlerweile hat sich das Wetter schlagartig verbessert. Der Himmel ist aufgerissen und strahlender Sonnenschein überflutet die Welt. Gleichzeitig wird es hier im Wald deutlich wärmer und schweisstreibender. Wir stolpern weiter über Baumwurzeln und überwachsene Steine. Nach der gefühlt 128sten Erdfalte – nur schlappe 5 m hoch - bin ich total am Ende.

„Pause, Sohn! Ich bin fertig. Ich gehe keinen Schritt weiter, bevor ich nicht weiß, wo dieser verdammte Weg ist. Das ziellose Herumstolpern raubt mir noch das letzte Quäntchen Kraft. Lass uns die Säcke hier zurücklassen und erst mal erforschen, wie weit es noch bis zum Weg ist."

„OK, aber wie finden wir die Rucksäcke wieder? Wir müssen eine Markierung anbringen!"

...nur noch bis dahinten!

Ein wahres Wort aus dem Munde meines direkten Nachkommen. Eine Markierung im dichten Wald, die aus der Ferne sichtbar ist? Hmmm! Ich habe eine Idee.

„Wir nehmen meine rote Jacke und hängen sie in einen möglichst einzeln stehenden Baum."

Gesagt, getan. Es gestaltet sich zwar etwas schwierig, die Jacke hoch genug an morsche Äste zu hängen, von denen die am besten zu erreichenden prompt abbrechen, aber es gelingt schließlich. Ist das eine Wohltat, ohne drückendes Gewicht zu gehen. Nach 50 m drehen wir uns um, um die Wirkung des Signalbaums zu prüfen. Es funktioniert. Die Rucksäcke auf dem Boden sind in der dichten Vegetation jetzt schon nicht mehr zu erkennen. Das wäre eine muntere Suchaktion geworden.

Und dann folgt die Überraschung. Keine 200 m weiter kreuzen wir eine ausgetretene schmale Rinne, die wir eindeutig als Wanderweg identifizieren. Ich bin über alle Maßen froh. Das Urwaldmartyrium wird nur noch wenige Minuten dauern.

Die verschwundene Wolkendecke erlaubt nun auch eine bessere Standortbestimmung. Demnach sind wir nicht unmittelbar neben Rittak auf den Kungsleden getreten, sondern satte 5 km davon entfernt. Und leider in der falschen Richtung, nämlich Richtung Westen, nach Kvikkjokk zu. Irgendwo auf dem Teilstück zwischen der Brücke über den Gallakjåhkå und dem Berg Favnoajvve. Auf dessen Gipfel haben wir auf dem Hinweg gestanden und das Panorama des Tjaktjajaure genossen. Jetzt müssen wir aber Richtung Osten. Also nicht genug damit, dass aus den ursprünglichen 6 km schließlich erwartete 12 km wurden, nein, jetzt kommen noch weitere 5 km dazu. Und die nächsten 2 davon gehen nicht unerheblich bergauf.

Na, Klasse! Eigentlich wollte ich schon längst im Schlafsack liegen und mich regenerieren. Und jetzt auch noch das! Niklas geht voraus und ich folge ihm so gut ich kann. Ich bin schon so erschöpft, dass ich streckenweise alle 15-20 m innehalten und abhecheln muss. Ich hoffe auf die Passhöhe, damit es endlich wieder horizontal oder vielleicht sogar wieder abwärts weitergeht.

Der Weg führt zwischen den beiden Höhen Favnoajvve und Huornnásj durch. Kurz vor der Passhöhe treffen wir Jens wieder, der den Pfad schließlich auch gefunden hat und am Wegesrand auf uns wartet. Ich bin dankbar für jede Pause, auch für diese jetzt. Es sind noch immer ca. 4 km bis Rittak. Da die Wahrscheinlichkeit eines überfüllten Vindskydds umso größer ist, je später man dort eintrifft, ist es ratsam sich zügig dorthin zu bewegen. Allein, genau damit hätte ich momentan gerne mal ein Problem.

...nur noch bis dahinten!

„Wisst ihr was?", schlage ich vor, „ihr beide rast schon mal vor und der alte Mann kommt langsam nach. Wenn ihr angekommen seid, kommt mir einer entgegen und nimmt mir für den Rest des Weges zumindest das Zelt ab."

Die beiden schauen sich kurz an – sehe ich da ein hämisches Grinsen auf beiden Gesichtern? – und nicken beifällig. Dann trollen sie sich. Ich bleibe noch einige Augenblicke stehen und schleppe mich dann gemächlich weiter. Eigentlich geht es doch nicht so schlecht wie ich befürchtet hatte, doch hätte ich mit Niklas und Jens nicht Schritt halten können. Die Aussicht auf ein baldiges Ende der heutigen Etappe scheint ein mental fundiertes Upgrade meiner Physis zu bewirken.

Tatsächlich wird es hinter der Passhöhe deutlich angenehmer. Der Untergrund wird zunehmend weicher und der Erdanteil auf dem Pfad gegenüber den Steinen immer größer. Schließlich ist es sogar ein recht

> *Im Lappenzelt liegen auf beiden Seiten zottige Renfelle ausgebreitet, (...) auf denen man sitzt und liegt (...), dazwischen der Herd oder statt dessen einige Steine um die Asche. (...) Unter dem Zeltgestänge [beiderseits] den Fellen hängen zwei Abstellraufen, auf denen vorn die Käse zum Trocknen liegen, und Mägen hängen, mit Milch gefüllt (...)*
> *[Linné, S. 157f]*

komfortables Gehen – mal abgesehen von diesem vermaledeiten Klotz auf meinem Rücken. Ich gehe nicht schnell aber stetig weiter und versuche, den Schmerz in meinen Schultern zu ignorieren. Was teilweise sogar gelingt.

Etwa 1 km vor Rittak sehe ich Jens auf mich zukommen. Er nimmt mir das Zelt und zwei Packsäcke ab. Welch' eine Erleichterung im wahrsten Wortsinne. Jetzt kann ich ihm sogar im Schweinsgalopp bis zur Hütte folgen. Diese ist wie erwartet, voll belegt, so dass wir doch im Zelt übernachten werden. Etwa 50 m von der Hütte entfernt, außerhalb des Waldes, wird die nasse Polyesterburg errichtet. Das Wetter hat sich bis jetzt hervorragend gehalten, was allerdings auf der anderen Seite zu einer kleinklimatischen, schwülen Zone in unserer beengten, von grünen Kunststoffbahnen umgebenen Enklave führt. Dieser Zustand wird durch die teilweise nassen Schlafsäcke noch verstärkt. Dorthinein zu kriechen ist alles andere als angenehm.

Doch das ist immer noch das kleinere Übel, denn in dieser saunaartigen Umgebung fühlen sich etwa 300-400 ins Innenzelt eingedrungene Mücken deutlich wohler als wir. Da wir die niemals alle zerquetschen können, müssen wir wohl oder übel klein beigeben. Das heißt, die Mückennetze, die wir für die Nacht über die Köpfe ziehen werden, werden sich bestimmt nicht positiv auf den Schlaf auswirken.

Das Klima in Lappland schwankt extrem. So kann es im Winter durchaus einige Wochen lang minus 30 Grad haben. Die Sommertemperatur liegt im Juli um die 20 Grad, manchmal ist es auch 30 Grad warm. Das atlantisch geprägte Klima an der Westseite der Skanden unterscheidet sich gravierend von dem an der Ostseite. Dieses klimatische West-Ost-Gefälle wird durch den Golfstrom maßgeblich beeinflusst. Zum einen werden die Wintertemperaturen durch die warme Meeresströmung deutlich gemildert, zum anderen führt das Aufsteigen der feuchten Meeresluftmassen an der Westseite der Gebirge zu erheblich größeren Niederschlagsmengen. Das skandinavische Inland ist dagegen trocken und kühl. Im Nordosten Finnlands und Norwegens trifft man dann bereits auf die typischen Moorbildungen der kontinentalen Dauerfrostböden. Polares Klima kommt nur im nördlichen Hochgebirge vor.

Aus den geplanten 6 km sind letztlich 18 geworden. Gute 10 Stunden waren wir unterwegs und haben die eine oder andere Hölle durchlaufen. Jetzt geben wir uns hoffnungsvoll einem wohlmeinenden Morpheus hin.

Na dann, gute Nacht.

Tag	Strecke km	Meter auf + ab	Start Level	Ende Level	Gipfel, Flüsse, Seen am Wegesrand
14	18	700	900	840	Kallakvare (1125 m) Suolanjunnje (1008 m) Favnoajvve (1117 m
Kumulierte Werte	130	7505			

...nur noch bis dahinten!

Tag 15 | 30. Juli: Vindskydd Rittak – 5. Ruhetag

Ich habe schlecht geschlafen – alles tut weh! Ich habe Muskelkater im Hintern vom dauernden Steigen gestern. Dazu tausend Mückenstiche an den Händen, die jucken wie der Teufel. Dabei ist es wenig beruhigend, dass es nicht nur mir so geht.

Wir erholen uns langsam und frühstücken draußen vor der grandiosen Kulisse des Tjaktjajaure. Von dem schönen Platz außerhalb des Waldes hat man freie Sicht auf das herrliche Panorama, das der See bietet. Eingerahmt von bewaldeten Ufern, mit kleinen Inseln, die wie große Blätter auf dem Wasser zu schwimmen scheinen, liegt er einfach da in der Sonne.

Heute wird nicht mehr viel stattfinden. Die gestrige Etappe verlangt nach einer Ruhepause. Zudem ist es sinnvoll, die nassen Klamotten möglichst trocken zu bekommen. Aber zunächst wird sich nach dem Frühstück in die Botanik gelümmelt - mückensicher im Schlafsack verpackt und die zweite Schlafeinheit in Angriff genommen.
Innerhalb des Waldes gibt es nahe dem Vindskydd eine etwas größere ebene Fläche plattgetretenen Erdbodens, die als Zeltplatz von den meisten hier pausierenden Wanderern genutzt wird. Da das nun wirklich den Charme eines x-beliebigen Campingplatzes hat, sind wir nur 50 m weiter aus dem Wald raus und haben uns auf dick bewachsenem Boden nur knapp 10 m unterhalb des Weges niedergelassen.

Das zwischen zwei jungen Birken gespannte Seil gibt über mehrere Meter eine prima Wäscheleine für die nassen Sachen ab. Noch hat keiner gesteigerte Lust, sich um die Trocknung der Schuhe zu kümmern, zumal immer noch Leute in der Hütte herum springen. Warten wir also ab. Nach dem Mittagessen ist es auch noch früh genug.

Das Nudelgericht ist passé und Niklas hadert erneut mit den Mücken. Die haben es aber auch auf ihn abgesehen. Wahrscheinlich können die Rüsselheinis derartige mentale, negative Schwingungen empfangen und wählen so ihre bevorzugten Opfer aus. Der Trick ist der, dass es einem scheissegal sein muss, ob die Viecher anwesend sind oder nicht. Leider verschließt Niklas sich dieser Argumentation standhaft und sahnt entsprechend Stich um Stich ab. Sein Ellbogenbereich an beiden Armen ist handtellergroß gerötet. Einzelne Stiche kann man hier gar nicht mehr ausmachen. Ich kann mir gut vorstellen, dass einem das auf die Nerven geht. Ist aber durch innere Wut auch nicht zu verhindern.

...nur noch bis dahinten!

Bei Rittak oberhalb des Tjaktjajaure

Inzwischen haben sich die übrigen Wanderer allesamt wieder auf ihren Weg gemacht. Die Hütte ist jetzt leer und die Schuh-Trocknungs-Aktion kann durchgeführt werden. In der Hütte gibt es einen kleinen Holzofen und etwas Holzvorrat. Der Plan ist, den Ofen anzublasen und die Schuhe in einem adäquaten Abstand dazu heran zu bringen, um sie wenigstens einigermaßen vom nassen in den trockenen Zustand zu überführen.

Die kunstvolle Verwendung von Schnürsenkeln und Packriemen lässt die klobigen Treter lustig an den beiden Stangen hängen, die beidseits des Ofens vom Boden bis zur Decke reichen. Der Ofen wird beobachtet und regelmäßig mit Birkenholzscheiten beschickt. Die Temperatur in der Hütte steigt merklich an. Wenn wir bis zum Schlafengehen noch Holz nachlegen und die Schuhe über Nacht in der Hütte belassen, wird es schon helfen.

...nur noch bis dahinten!

Schuhparade im Vindskydd Rittak

...nur noch bis dahinten!

Tag 16 | 31. Juli: Rittak bis Aktse

Nachts fällt wieder viel Regen. Dementsprechend sieht es am Morgen um uns herum aus. Tiefhängende Wolken mit wenig Aussicht auf Besserung. In einer Schauerpause packen wir gemächlich zusammen und stiefeln dann hemdsärmelig im Nieselregen los. Muss ja irgendwann mal aufhören, der Regen!

Es geht abwärts über Stein und Stein – kein Stock dabei. Bis wir die Baumgrenze passieren. In der Waldsequenz kreuzt ab und an eine sumpfige Passage. Da wir uns hier auf einem „gewarteten" Wanderweg befinden, sind derartige Wegstrecken durch Bohlenpfade geschützt. Mitunter hat's den doppelten Schwebebalken auch schon mal zerrissen. So wie auch hier: auf einer Länge von ca. 20 m oder 4 bis 5 Bohlenlängen ist der Holzweg unterbrochen. Die Bohlen liegen lose umher, teilweise ohne Unterbau direkt auf dem Boden positioniert und nur in lockerer Form aneinander anschließend „verlegt". Üblicherweise liegen auf einem „ordentlichen" Bohlenpfad immer mindestens 2 von diesen 10 cm breiten Brettern nebeneinander.

Das ist an dieser Stelle nicht der Fall. Man muss hier über einzelne, manchmal kippelnde Planken balancieren und sollte dabei nicht träumen oder genervt beim Gehen gleichzeitig Mücken verjagen.

Niklas geht zwischen Jens und mir. Auf einer Bohle, die selbst einigermaßen fest liegt, aber ringsum von Nässe umgeben ist, rutscht er unvermittelt ab, tritt mit dem linken Bein neben das Holz auf vermeintlich festen Boden und versinkt prompt bis zum Oberschenkel im Matsch. Das Blöde dabei ist, dass man sich allein nur schlecht aus dieser Situation befreien kann, ohne sich noch mehr einzusauen. Glücklicherweise ist Jens nur wenige Schritte von ihm weg und ist schnell bei ihm, um ihn zurück aufs Festland zu ziehen.

Der weitere Weg durch den Wald bis zum Laitaure ist bis auf die permanenten Mückenattacken ereignislos. Am See angekommen, fällt sofort ins Auge, dass heute nur 1 Boot an unserem Ufer liegt. Das bedeutet also, 3 x über den See rudern zu müssen. Es kommt leider niemand während unserer Vorbereitungen aus der Gegenrichtung angerudert. Letztlich rudert jeder eine komplette Strecke. Immerhin ist das Wetter seit wir in den Wald eingetaucht sind, stabil trocken geblieben.

Wir wollen eigentlich nur noch den letzten Kilometer bis zur Station Aktse gehen und dort das Zelt in Umgebung der Hütten aufbauen. Und Proviant fassen in Form von seligmachenden Köttbullars. Die gibt's – wie wir bereits gelernt haben - dort im Shop.

...nur noch bis dahinten!

Leider wird dieser Plan rigoros von der neuen Preispolitik des STF zunichte gemacht. Der Stugvard verlangt allen Ernstes 200,- SKR **pro Kopf** dafür, dass man sich ein Stück wilder Wiese – hüfthoch bewachsen – selbst rodet und dort sein Zelt errichtet. Für das Zelt fällt keine Gebühr an.

„200 crowns per person, yes, but the tent is free!" Selten so gelacht.

200 Kronen sind immerhin knapp 25 Euro – und das mal 3...! Fürs Zelt wär das OK, aber pro Person und als einzigen „Komfort" eine an den hauseigenen Gletscherbach angeschlossene Gartendusche ist einfach nicht akzeptabel. Wir beugen uns dem nicht und wollen dann doch noch die steilen 200 Höhenmeter bis zur Wegkreuzung oberhalb der Baumgrenze erklimmen. Hier zweigt der Weg ab, der hinauf auf den Skierffe führt.

Im Proviantshop erstehen wir die obligatorischen Köttbullar für den Abend und dann geht's los. Der Aufstieg gestaltet sich dann doch etwas weniger gruselig als angenommen. Selbst ich hieve mich stetig empor und nach doch nicht so langer Zeit sind wir auch schon oben.

> *Die Nacht war, wie ich bemerken konnte, nicht im Geringsten dunkler als der Tag, lediglich absentia solis erat.*
> *[Fehlen der Sonne; also zwar hinter dem Horizont, aber dennoch nicht ganz untergegangen].* *[Linné, S. 77]*

Im Licht der abtauchenden, aber nicht ganz verschwindenden Mitternachtssonne, haben wir einen grandiosen Blick auf den Laitaure und den uns gegenüberliegenden Berg Tjahkelij. Diesen Ausblick gönnen wir uns in diesem Moment nur ganz kurz, denn es gilt, mit Prio1 das Zelt aufzubauen und das ESSEN zu fabrizieren.

Mmmh, Kartoffelpü und reichlich Köttbullar. Wir saugen dieses geriatriefähige Abendmahl genüsslich in uns auf, kippen noch 2 Tees drauf und geben uns erfolgreich der Mattigkeit hin.

Tag	Strecke km	Meter auf + ab	Start Level	Ende Level	Gipfel, Flüsse, Seen am Wegesrand
16	13	630	840	780	Laitaure (Rudern 3 km) Nammatj (823 m) Skierfe (1079 m) Aktse Fjällstation Abzweig zum Skierfe
Kumulierte Werte	143	8135			

...nur noch bis dahinten!

Tag 17 | 1. August: Aktse bis hinter Sitojaure

Ich wache früh auf. Blasendruck treibt mich hinaus in die Kühle des Morgens. Der Sonnenball ist langsam dabei, sich über die Berge zu erheben und beim leisen Rieseln eines einzelnen Strahls lasse ich meinen Blick in die klare Ferne schweifen. Der Laitaure ruht still und starr unter mir. Kein Lüftchen regt sich, das sein Wasser in Bewegung bringen könnte. Das Spiegelbild des Tjahkelij ist durchbrochen von kleinen, baumbestandenen Inselchen im See. Am Fuß des Berges kleben noch Reste von Morgenwolken. Alles ist still um mich her.

Ich haste zurück ins Zelt und hole meine Kamera, um diese Momente festzuhalten. Mit Hemdchen, Höschen und Sandalen bestens gegen die Kühle gewappnet, gehe ich bis auf den nächsten Hügel und banne den stillen Laitaure auf zelluloiden Kleinbildfilm.

Langsam schiebt sich die Sonne empor und allmählich werden die Flanke des Tjahkelij vis-á-vis und der im Rapadelta thronende Nammatj, auf den man von hier einen schönen Blick hat, schüchtern beleuchtet. Auf halbem Wege dorthin reckt der markante Skierffe seine 700-m-Steilwand in den frühmorgendlichen Himmel. Bei unserer ersten gemeinsamen Lappland-Tour waren Jens und ich auf dem Gipfel und genossen das unendlich schöne Panorama des Rapadeltas unter uns.

Ich lege mich wieder hin; die beiden Gestalten neben mir haben sich noch kein Stück bewegt. Tatsächlich schlafe ich auch noch mal ein.

Regen weckt mich. Ein Blick nach draußen zeigt nur Wolken und Nebel. Der Regen ist abwechslungsreich und reicht von leichtem Niesel, über Niesel in böigem Wind bis hin zu prasselnden dicken Tropfen. Dazu: kaum Aussicht auf ein Ende. Die klare Wettersituation von heute früh hat sich leider nicht durchsetzen können.

Damit ist der vage angedachte Abstecher auf den Skierffe – vornehmlich für Niklas gedacht – wegen des Wetters gestorben. 4 -5 Stunden Marsch (hin und zurück) für eine erwartete Aussicht von Null sind keine lohnende Sache. So starten wir in leichtem Niesel, nachdem höchst unkomfortabel die Rucksäcke im Regen gepackt worden sind.

Trotz der drohend dunklen Wolken über uns, hört der Regen dann aber doch bald auf. Und – um es vorweg zu nehmen – es bleibt auch dabei.

Zunächst geht es noch etwas bergauf und dann über die Hochebene, die wir vor 14Tagen bereits überquert haben, bis zum Abstieg ins nächste Tal, in dem der Sitojaure liegt. Der Waldgürtel dort zieht sich über gut 2 km bis zum See hin.

Bei unserer Ankunft dort legt das Motorboot mit ruderfaulen Wanderern an Bord gerade ab. Damit bleibt der Bootssteg, der einige Meter ins Wasser hineinreicht, zunächst frei.

Bootssteg am Sitojaure

An diesem Ufer des Sitojaure gibt es auch ein Vindskydd. Hier hatten wir auf dem Hinweg ein kleines Depot angelegt und unter der Hütte, die auf kleinen Felsen als Fundament ruht, versteckt. Wir checken es gleich und stellen fest, dass es unangetastet geblieben ist. Sogar eine Tafel Schokolade für Jens und mich ist noch dabei. Die übrigen haben wir schon verputzt und Niklas hat uns während der letzten Tage an seiner laktosefreien –L Schokolade teilhaben lassen.

Das Wetter hat sich noch deutlich gebessert. Jetzt bricht sogar die Sonne durch den wolkenverhangenen Himmel.

„Ja, dann machen wir doch Mittag", meint Jens, „am besten auf dem Steg. Da ist es trocken."

Gesagt, getan. Kocher raus und das Rohmaterial für deftigen Nudeltopf herausgekramt. Der Proviantvorrat ist noch groß, genauso wie der allgegenwärtige Hunger. Wir kochen also reichlich und liegen zu Tische und schlemmen wie weiland die ollen Römer. Damals hätte man es Orgie genannt.... Man muss nur aufpassen, dass das Besteck nicht durch die Ritzen zwischen den Planken fällt.

„Eigentlich könnte man sich ja den Schweiß vom Körper spülen", meint Jens. „Ich glaube, ich werde gleich baden."

Ein prüfender Blick in den Himmel verspricht weiterhin halbsonnige

...nur noch bis dahinten!

Atmosphäre. Beste Voraussetzungen für eine angenehme Badesession.

Badespaß am Sitojaure

Der Bootssteg wird zum Auskleideplatz und ruckzuck plantschen wir im kühlen, aber erfrischenden Nass. Dieses Gefühl der Naturverbundenheit, das man bei derartigen Aktionen erfährt, ist unbeschreiblich. Schließlich watet man in ein natürliches Gewässer hinein, weit ab vom Schuss bzw. der Zivilisation und lässt sich vom „wilden Wasser" umschließen. Das Wasser ist natürlich kalt, aber man gewöhnt sich daran und wenn man einmal ganz untergetaucht ist, ist es einfach herrlich. Die nassen Körper trocknen im lauen Wind, dicke weiße Wolken über uns.

Ein wenig ruhen wir noch aus: Bloß keine Hetze – wir müssen ja noch rudern. Glücklicherweise liegen hier wieder 2 Boote am Ufer – also steht nur eine Ruderstrecke von 4 km an. Am anderen Ufer befindet sich die Anlegestelle in direkter Nachbarschaft zur Sitojaurestugorna, der Hütten-station des STF am Sitojaure. Da wir nur wenig Lust verspüren, nach dem Rudern noch weiter zu marschieren, überlegen wir, in der Nähe der Hütte das Lager aufzuschlagen.

Niklas und Jens rudern abwechselnd. Ich halte mich vornehm zurück und lasse mich hochherrschaftlich über die sanften Wellen schippern. Gut, wenn man seine Leute für's Grobe hat.

Der Zeltgrund am anderen Ufer liegt quasi direkt neben der Anlegestel-le. Ein handgeschriebener Zettel verkündet jedem, der es eigentlich gar nicht wissen will, dass auch hier der Obulus von 200,- Kronen pro Kopf für die Übernachtung im Zelt gilt. Der Slogan „tent free" scheint von der STF-Zentrale verpflichtend vorgegeben zu sein. Aber den können sie sich gerne einrahmen lassen. Irgendwo ist die Grenze erreicht, wo es einfach in Nepp übergeht.

L'etat lapone – c'est moi!

Auf dem Sitojaure

Das machen wir nicht mit. Die Rucksäcke werden geschultert und ein weiteres Stündchen durch den Waldgürtel geschaukelt. Nur gut einen

...nur noch bis dahinten!

Kilometer weiter finden wir einen schönen Platz. Fast felsenfreie Zone, leicht bewachsen mit niedrigem Wacholder und dementsprechend weich als Liegegrund. Es gibt einen schönen Ausblick auf den See. Die 4 km lange Ruderstrecke lässt sich zum größten Teil zurückverfolgen.

Das Zelt ist schnell aufgebaut. In der warmen Sonne kann es schon mal vor sich hin trocknen. Während Jens einen weiteren Nudeltopf zur Vollendung bringt, sammeln Niklas und ich Äste und Reisig, die der Wind von vereinzelt dastehenden Birken gebrochen hat, zupfen etwas von der pergamentartigen Rinde ab und schicken uns an, ein Feuer zu entfachen.

Damit die Pflanzendecke nicht zerstört und verbrannt wird, stechen wir ein rechteckiges Stück aus dem Boden aus, rollen den Pflanzenteppich auf und platzieren die Feuerstelle auf die so freigelegte nackte Erde. Schließlich haben wir noch Salami im Angebot, die dringend angekohlt werden muss. Nachtischmäßig, versteht sich.

Wir schlemmen wie die Könige.

„Wie sieht's eigentlich mit dem Proviant aus?", fragt Jens zwischen zwei Löffeln Pasta al dente.

„Wir haben noch genug Hauptmahlzeiten für die restlichen Tage. Müsli weiß ich nicht, ich habe keins mehr. Niklas, wie sieht's bei dir aus?"

Es stellt sich heraus, dass noch reichlich Müsli übrig ist. Da hat der Küchenchef in den letzten zwei Wochen aber hallo den Daumen drauf gehalten. Das heißt, wir können in den nächsten 3 Tagen die Müsliration locker verdreifachen. Besser, wir hätten zwischendurch mal Inventur gemacht und die Rationen früher erhöht.

Bei den warmen Temperaturen wird alles in die Botanik drapiert, was irgendwie feucht ist. Eine neue Wäscheleine wird installiert, ein großer Felsen nimmt bereitwillig sämtliche Schuhe auf, die seitlich auf ihm liegend in den Wind gedreht werden. Der Vollmond, der sich bald am gar nicht dunklen Himmel zeigt, schaut auf eine satte und zufriedene Combo herunter. Klasse!

Tag	Strecke km	Meter auf + ab	Start Level	Ende Level	Gipfel, Flüsse, Seen am Wegesrand
17	7	500	780	660	Rengärde Kablajaure (Rudern 4 km) Sitojaurestugorna Fjällstation
Kumulierte Werte	150	8635			

...nur noch bis dahinten!

Tag 18 | 2. August: Sitojaure bis Vindskydd Autsutjvagge

In der Nacht mache ich einen kleinen Ausflug unter klarem Himmel. Der Vollmond hängt leuchtend über den Silhouetten der Bergrücken. Kalt ist es. Nach erledigtem Geschäft schnell wieder rein ins Zelt. Niklas rückt mir im Schlaf mit seiner Isomatte ziemlich auf die Pelle, dass ich mich kaum rühren kann.

Gegen morgen wache ich auf. Es ist brüllend warm im Zelt. Die Sonne knallt aufs Polyester. Wegen der Mücken hatte ich das Hemd im Schlafsack anbehalten. Jetzt halte ich es nicht mehr aus und muss raus an die Luft. Ich ziehe mich komplett an und gehe schon mal Wasser holen. Dazu muss ich zu dem etwa 500 m entfernten Bach gehen, den wir gestern auf dem Weg vom See überquert haben. Die Mücken sind leider auch schon wach. Schlafen die denn nie? Ist schon lästig, wenn beim Füllen des Wassersacks und der Trinkflaschen ständig surrende Sputniks um den Kopf kreisen.

Die Lebensmittelinventur gestern hat ergeben, dass wir tatsächlich noch 4 Tüten Müsli zur Verfügung haben. Das Frühstück mit der 3-fachen Ration nehmen wir draußen im Sonnenschein auf den Isomatten liegend ein. Anschließend dösen wir mit den Schädeln in den Mückennetzen und den restlichen Körpern in den Schlafsäcken. Voller Bauch marschiert nun mal nicht gern.

Irgendwann schwebt eine dunkle Wolke heran. Wir haben Angst, dass das Zelt – jetzt wunderbar trocken – doch wieder patschnass wird und packen gemächlich zusammen.

Während des Packvorgangs passieren 4 Wanderer freundlich grüßend und bewundern unsere 20 m Wäscheleine. Die Feuerstelle wird renaturiert, alle sonstigen Spuren unseres Hierseins beseitigt. Jeder Schnippel wird eingesammelt und in die Mülltüte gesteckt.

Der Regen kommt dann doch nicht. Wir verlassen den schönen Zeltplatz gegen Mittag. Zunächst geht es gemächliche 70 Höhenmeter hinauf bis auf insgesamt 800 m bei unterschiedlicher Wegbeschaffenheit: mal steinig, mal weicher Boden oder auch gemischt. Nach

> *Ein Hoch, ihr Menschen und Tiere und Vögel, für die einsame Nacht in den Wäldern, den Wäldern! Ein Hoch auf die Dunkelheit und Gottes Murmeln zwischen den Bäumen, auf des Schweigens süßen, einfältigen Wohllaut an meinen Ohren, auf das grüne Laub und das gelbe Laub! Ein Hoch auf den Laut des Lebens, den ich höre.* [Hamsun, S. 942]

...nur noch bis dahinten!

etwa 2 km taucht linker Hand unterhalb des Berges Tjirák ein scheinbar verlassenes Rentiergehege auf.

Der Weg schlängelt sich über viele kleine Bückelchen in einem Abstand zwischen 2 und 4 km von der langgestreckten Flanke des Berges Tjiráksnjunnje. Eine Hand voll Bäche fließen von den Höhen herab und sammeln sich im Avtsusjjåhkå, der letztlich den etwa 15 km entfernten See Pietsaure speist. Etwa 2 km vor Erreichen der Schutzhütte Autsutjvagge, unser heutiges Etappenziel, öffnet sich ein fast ebenso langes und hübsches Tal mit dem Avtsusjjåhkå als Mittelpunkt. Der Weg führt dabei oben am Rand des Tals entlang.

Nach 10 km, die wir in knapp 3 Stunden zurückgelegt haben, schlagen wir an der Hütte an. Es gab heute einige Begegnungen mit anderen Wanderern – schließlich sind wir ja auf dem Königsweg -, trotzdem ist die Unterkunft erfreulicherweise leer. Die Wahrscheinlichkeit, dass heute noch jemand eintrudelt, ist gering. Darum wird beschlossen, statt zu zelten, heute Nacht die Hütte zu beziehen, obwohl diese Nutzung der Vindskydds eigentlich für Notfälle vorbehalten ist. Naja, ich sach ma' so: vor 3 Tagen hat unser Zelt einen Riss in der Außenhaut erlitten - ganze 10 cm lang. Das genügt (uns) als Rechtfertigung.
Dafür bringen wir die Bude deutsch auf Vordermann. Richtig durchfegen – auch in den Ecken und unter den Bänken -, offenkundigen Müll in einer Tüte sammeln und etwas Kleinholz für den Ofen aus den vorhandenen alten Brettern hauen.

Nach getaner Arbeit erfreuen wir uns an Spaghetti in Chilisauce. Die Mückenpopulation hält sich hier in Grenzen, so dass wir das Mahl draußen auf der „Veranda" einnehmen. Beim anschließenden Spaziergang in die Umgebung sammeln wir noch trockenes Holz zum Verfeuern. Tatsächlich bekomme ich den Ofen später in Gang und warmer Tee vervollkommnet die gemütliche Stimmung.

Wie so oft haut der Sachse unvermittelt eine seiner Ideen raus.
„Mensch, da liegen doch die heißen Steine auf dem Ofen. Wenn wir die jetzt mit Minze oder so begießen könnten."
„Wir haben doch OLBAS!", schallt es unisono von Vater und Sohn zurück. Rasch wird das Chinazeug heraus gekramt und schon gibt's den ersten Aufguss. Gar nicht mal schlecht; zieht ein wenig in den Augen, aber ist okay.

...nur noch bis dahinten!

Vindskydd Autsutjvagge

In der Zwischenzeit ist ein Wandererpärchen auf dem Hüttengelände eingetrudelt, das in der näheren Umgebung einen geeigneten Zeltplatz sucht. Eigentlich muss man sich hier nur für einen von vielen entscheiden. Es sind genug ebene Flächen auf gutem Boden vorhanden. Wir überlegen, ob wir nachher rüber gehen und 200,- Kronen pro Kopf kassieren sollen.

In der Tür befindet sich ein Fenster von ca. 40x50 cm Größe. Wir hängen wie die Ruhrpott-Ommas hinter der Scheibe und drücken uns die Nasen platt bei der Beobachtung der beiden. Sie huschen mal hierhin, mal dorthin, verschwinden dann hinter einer kleinen Erhebung und machen dort i r g e n d e t w a s an dem kleinen Tümpel. Was genau, entzieht sich unserem visuellen Zugriff, aber wir sehen leichte Wellenbewegungen im Wasser, die eindeutig von diesem toten Winkel ausgehen.
Das mit den Wellen geht eine ganze Weile so, aber es geschieht nichts weiter. Von den beiden Protagonisten dieses Dramas ist nichts zu sehen. Dann wird uns dieser Sender zu langweilig und wir schalten ab.

Mehr oder weniger bequem betten wir uns auf die harten Holzbänke und versuchen, in den Schlaf zu kommen.

...nur noch bis dahinten!

Avtsusjvágge

Tag	Strecke km	Meter auf + ab	Start Level	Ende Level	Gipfel, Flüsse, Seen am Wegesrand
18	10	20	660	640	Autsutjvagge Vindskydd Autsutjvagge
Kumulierte Werte	**160**	**8655**			

...nur noch bis dahinten!

Tag 19 | 3. August: Vindskydd Autsutjvagge bis Saltoluokta

Die Pritschen sind hart und unbequem, trotz der Isomatten. Wahrscheinlich sind sie zu gleichförmig, ohne Buckel und Mulden, in denen man die eine oder andere Körperrundung einpassen kann. Dementsprechend unausgeschlafen begeben wir uns ans Frühstück. Natürlich gibt's wieder eine fette Überportion Müsli – muss ja weg, das Zeug. Gesättigt wird die Hütte einer Abschlussreinigung unterzogen – Marke: deutsch-gründlich.

Die letzten 9 km dieser Reise liegen vor uns. Ein wenig Wehmut schwingt mit, als wir in die Schlussetappe starten. Unterwegs, d.h. etwa 5 km vor Saltoluokta, müssen wir noch Jens deponierten Trolley wieder einsammeln. Wir haben uns die Stelle gut gemerkt, so dass wir sie schnell wiederfinden sollten.
Merkwürdigerweise ist die fragliche Stelle aber leer. Wir suchen die nähere Umgebung ab, falls wir doch etwas daneben liegen sollten. Aber wiederum bleibt das Suchergebnis negativ. Wir schauen etwas ratlos aus der Wäsche, bis Jens die Deichsel aufrechtstehend an einen großen Felsen gelehnt entdeckt – etwa 100 m entfernt.

Beim Näherkommen stellen wir schon fest, dass irgendwas nicht stimmt. Irgendjemand hat das Gefährt gefunden, den „Gepäckteil" mit dem Rad gewaltsam von den Deichselstangen abgebrochen und – *gestohlen*. Was ich nie für möglich gehalten hätte, ist hier geschehen. Ein Wanderer bestiehlt einen Gleichgesinnten. Bis zu dieser Stunde hätte ich meine Hand dafür ins Feuer gelegt, dass so etwas hier – und ganz besonders hier im hohen Norden – nicht vorkommt.

Üblicherweise gilt hier: was nicht meins ist, bleibt auch nicht meins. Dazu kommt noch der Umstand, dass Jens das Teil ja nicht wild in die Landschaft geschleudert, sondern fein säuberlich abgelegt hat. Die Art und Weise der Hinterlegung ließ darauf schließen, dass der Eigentümer zurückkommen würde. Es fehlt auch noch die Plane, mit der alles umwickelt war und wenn das Gurtzeug nicht fest mit der Deichsel verschraubt gewesen wäre, wäre das auch weg gewesen. Das ist ein besonders dreister Fall von Diebstahl. Mein Vertrauen ist erschüttert und ich versuche mir einzureden, dass es ein Einzelfall ist, den der vergleichsweise „Massen"tourismus auf dem Königsweg mit sich bringt. Scheinbar sind hier Subjekte unterwegs, deren mentale Grundeinstellung zweifelhaft ist.

Jens kann es noch immer nicht fassen. Er hat einen meterdicken Hals und wiegt in seiner Wut 4 Zentner. Wir schwärmen aus und suchen auf 500 m in jeder Richtung und beidseits des Weges die Büsche am Wegesrand ab in der Hoffnung, dass dem Dieb die Beute zu lästig geworden ist und er sie einfach weggeworfen hat. Wir finden aber leider nichts.

Jens demontiert das übrig gebliebene Teil nun völlig, so dass letztlich nur die beiden Deichselstangen übrig bleiben. Wenigstens das Gurtzeug will er noch retten. Die Stangen wollen wir nicht hier im Fjäll liegen lassen, sondern später in Gällivare entsorgen.

Ich schraube meine Wanderstöcke zusammen und benutze die Deichselstangen statt dessen. Falls unterwegs jemand danach fragen sollte, werde ich sagen, es sind „High Mountain Sticks – new ergonomic line". Na ja, direkt gefragt hat keiner, aber fragende Blicke gab's schon.

Wir gehen nun zügig durch bis Saltoluokta. Bevor wir wieder in den Wald abtauchen, haben wir noch einen wunderschönen Blick auf den See Langas, der tiefblau zu unseren Füßen liegt und eingerahmt wird vom Lulep Gierkav auf der Süd- und dem Juobmotjåhkkå auf der Nordseite.

Jens hat die stille Hoffnung, dass er den Dieb vielleicht in Salto zu fassen bekommt und beschleunigt unwillkürlich seine Schritte. Die Chance ist allerding sehr gering, denn erstens wissen wir nicht, wann der Diebstahl stattgefunden hat und zweitens ist nicht sicher, dass der Dieb nach Salto gelaufen ist.

Nun, obwohl wir direkt nach der Ankunft überall herumlaufen und sogar das Gepäck derjenigen, die mit dem nächsten Boot zur Straße übersetzen wollen, aus der Ferne nach einem außen am Rucksack befestigten Speichenrad absuchen, ist er nicht aufzutreiben. Ist vielleicht auch besser so. Ich habe keine Ahnung, was passiert wäre, wenn Jens den Typen in die Finger bekommen hätte.

Die Station ist gut gefüllt. Kein Wunder, ist ja auch Hauptsaison. Alle Betten – und es stehen immerhin 100 zur Verfügung – scheinen belegt zu sein. Der Shop in der Station ist geöffnet und wir gönnen uns Kekse, Cola und Limo.

Auch hier kostet die Übernachtung im Zelt 200,- Kronen pro Kopf – innerhalb der kostenpflichtigen Zone. Außerhalb der „Viel-Kronen-Zone" kostet es nichts und auch hier gibt es eine Menger schöner Plätze. Wir wählen einen Platz am Ende eines der Kieswege nur etwa 30 m vom Seeufer weg und sind trotzdem nur knapp 200 m vom Haupthaus der Station entfernt.

...nur noch bis dahinten!

High Mountain Sticks

Nachdem alles hergerichtet ist, genehmigen wir uns (mal wieder) ein Bad im See. Es ist erfrischend wie immer. Der warme Sonnenschein tut gut auf der nassen Haut. Diese Art zu Baden ist einfach unvergleichlich.

Wir lassen es ruhig angehen – schließlich haben wir es jetzt geschafft. Die letzte Etappe ist gegangen, das Wetter herrlich und der Tag noch lange nicht zu Ende. Wir sammeln Holz in der näheren Umgebung und machen an der bereits vorhandenen Feuerstelle ein neues Feuer. Die vorletzte Salami muss dran glauben. Die Wurstscheiben werden wie gehabt über den offenen Flammen angekohlt. Anschließend wird alles mit einem üppigen Asia-Nudeltopf runter gespült.

...nur noch bis dahinten!

Zum Abschluss des Tages suchen wir in der Samensiedlung nebenan die Kirkkotan auf, eine zum Handelspunkt für Sami-Handwerkskunst umfunktionierte, ehemalige Lappenkirche. Niklas ist begeistert von dem urigen Bauwerk, einer mit Erd- bzw. Grassoden bedeckte Holzgerüstkonstruktion. Ein rustikaler Eingang aus Birkenstämmen lädt ein, näher zu kommen, während der schiefe Rauchabzug aus einem Erdhügel zu wachsen scheint. Innen ist der Boden gänzlich ausgelegt mit belaubten Birkenzweigen, die einen angenehmen Geruch verbreiten.

Es gibt ein paar kleinere kunsthandwerkliche Dinge zu kaufen, die von Samen aus der Umgebung angefertigt wurden wie etwa die klassischen Lederarmbänder mit in traditionellen Mustern geflochtenem Zinndraht. Oder komplette Rentiergeweihe und –felle und kleine runde Sitzunterlagen aus Rentierfell. Wir erstehen einige Mitbringsel für die Lieben daheim.

Wir beenden diesen Tag im Eingangsraum der über 100 Jahre alten STF-Station. Es ist eine der ersten Stationen, die der damals noch junge Verein „Svenska Turist Föreningen" errichtet hat. Einen offenen Kamin gibt's hier, vor dem 3 Lehnstühle stehen. Hier lassen wir uns nieder, auch wenn der Kamin momentan nicht in Betrieb ist. Dazu ist es nicht kalt genug.

Ehemalige Lappenkirche bei Saltoluokta

...nur noch bis dahinten!

Die übrigen Gäste haben sich schon alle in ihre Unterkünfte (Zelt oder Zimmer) zurückgezogen. Das machen wir jetzt auch, allerdings nicht ohne dass Jens den Wecker auf 7:15 Uhr stellt. Denn ab 7:30 Uhr gibt es Frokost im großen Matsal.

Das wollen wir uns nicht entgehen lassen.

Finale Werte nach 19 Tagen:					
Tag	**Strecke km**	**Meter auf + ab**	**Start Level**	**Ende Level**	**Gipfel, Flüsse, Seen am Wegesrand**
19	9	265	640	375	Saltoluokta Fjällstation
Kumulierte Werte	**169**	**8920**	**Total (plus 14 km rudern!)**		

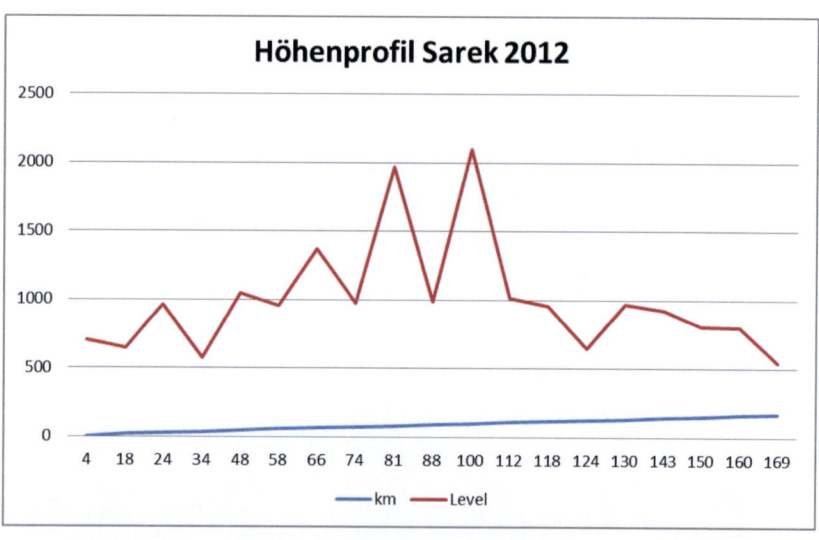

...nur noch bis dahinten!

Tag 20 | 4. August: Abreise Saltoluokta bis Gällivare

Die Aussicht auf feste Nahrung zum Frühstück hält uns nicht länger als nötig in den Schlafsäcken. Der Vorraum der Station ist bereits gefüllt. Man wartet auf Einlass in den Speiseraum, den **Matsal**.

Speisesaal in Saltoluokta

Es ist ein sehr schöner, heller, rustikaler Raum mit vielen Fenstern, an denen große Tische mit 8 Sitzplätzen stehen. In der ersten Raumhälfte wartet ein großer ovaler Holztisch mit dem Buffet auf. Verschiedene Brote, Aufschnitt, Käse, Eier, Gurken, Tomaten, Paprika – von Müsli,

Haferschleim, Milchreis und Beeren ganz zu schweigen.

Dazu gibt es: KAFFEE - heiß, stark, lecker und viel. Wir essen bis der Nabel glänzt. Leider dauert das gar nicht so lange, denn wir sind schon so entwöhnt von fester Nahrung, dass wir ziemlich schnell satt sind. Aber egal, dafür genießen wir die Atmosphäre, die unter den hungrigen Wanderern herrscht.

Es ist noch viel Zeit, bis das Boot M/S Langas nach Kebnats übersetzt. So genießen wir den wolkenlosen blauen Himmel und die angenehmen Temperaturen draußen an den Tischen und beobachten die Leute, von denen sich ebenfalls einige auf die Abreise vorbereiten.

Das Boot ist gerüttelt voll. Ein Berg von Rucksäcken stapelt sich im Bug. Und es werden noch mehr, so dass Teile der Ladung sogar aufs Dach gepackt werden muss.

Beim Bus sieht es nicht anders aus. Er kommt zwar planmäßig, ist aber schon gut gefüllt. Mit den neuen Fahrgästen ist er voll bis auf den letzten Platz. Ein kleines Problem gibt es beim Bezahlen. Wir haben kaum noch Bargeld und uns darauf verlassen, dass man in den Überlandbussen auch mit Plastikgeld bezahlen kann. Kann man normalerweise auch, aber der Kartenautomat ist ausgerechnet heute und in genau diesem Bus kaputt. Ohne Moos nix los, sagt der Volksmund. Doch der Buskäpt'n zeigt Herz und nimmt uns mit, wenn wir in Gällivare an einer „Cash-Machine" Kohle zapfen und dann bezahlen.

Die ganze Fahrt über herrscht herrliches Wetter, das schöne Ausblicke in die Landschaft erlaubt. So passieren wir unter anderem den Sjaunja- und den Muddus-Nationalpark. Unterwegs trabt wieder ein Ren über die Fahrbahn, das schon alt und mitgenommen aussieht mit dem franseligen Fell. Das ist unser 4. Rentier auf der gesamten Reise. Und alle haben wir nur auf der Straße gesehen. Im Fjäll ist uns kein einziges dieser Traditionsviecher begegnet. So etwas habe ich noch nie erlebt.

In Gällivare regeln wir die Sache mit dem Buskäpt'n, begeben uns unverzüglich zum Campingplatz, wo wir unsere reservierte Hütte beziehen und ziehen stante pede los zum Supermarkt. Hier gibt es alles, was man für ein Festmahl braucht: Nudeln, 4 Dosen Köttbullar, 1 Dose Eiscreme, Preiselbeeren, Kekse, Chips und Getränke.

Kaum zurück in der Hütte wird ein Akt sinnleerer Völlerei vorbereitet und sowohl sachkundig als auch intensiv durchgeführt. Wir können uns kaum noch bewegen. Wer noch kann, schleppt sich unter die Dusche, während der Rest mit leeren Blick in die schwedische Glotze starrt.

Schließlich sind alle bereit, die Kojen zu entern, um die letzte Nacht auf lappländischen Boden nördlich des Polarkreises zu verbringen.

Ich liege in dem Etagenbett und lasse die vergangenen Wochen vor meinem geistigen Auge Revue passieren. Schön war's.

Auch wenn es mit der ursprünglich geplanten Route nicht geklappt hat. Erlebnisse gab's genug, genau wie Landschaft. Was mich besonders freut, ist, dass mein Sohnemann zum einen wahrhaft begeistert ist und zum anderen, dass es überhaupt kein Problem in der Gruppe gab. Niklas hat sich hervorragend eingegliedert und war von Anfang an gleichberechtigtes Mitglied des Teams. Er hat bereitwillig und aus eigener Initiative Aufgaben übernommen, wie wir anderen auch.

Die schönste Bestätigung habe ich etwa 10 Tage nach unserer Rückkehr erfahren, nachdem Niklas eine Woche lang mit Freunden im Ruhrgebiet zum Zelten gefahren ist, kaum dass wir aus dem Norden zurück waren.

Als er von dort wieder zurück war, sagte er wörtlich: „Weißt Du, Papa, zelten auf'm Campingplatz – das ist total Scheiße!"

Dem ist nichts hinzuzufügen.

...nur noch bis dahinten!

```
l (a
le
af
fa
ll
s)
one
l
iness
```

[--e.e.cummings]

How I respect
the old Sámi life
That was true love of nature
where nothing was wasted
where humans were part of nature
Our ancestors have made a fire
on every slope
they have stepped on
every stone
our ancestors
they have lived and died here
(...)
How I respect old Sápmi
How could they have lived for
then thousand years
without the right
to call the Sámiland Sápmi
without the right to Sápmi
to be Sámi

How can I explain
that I cannot live in just one place
and still live
when I live
among all these tundras
You are standing in my bed
my privy is behind the bushes
the sun is my lamp
the lake my wash bowl
How can I explain
that my heart is my home
that it moves with me
(...)
Fly beyond Thoughts
The redness of evening
Birch tops sway against the sky
The reflection of light in the river
Everything remains unsaid
Still

[Valkeapää2]

...nur noch bis dahinten!

Tipps für Einsteiger

Nachfolgend gibt es für Trekking-Neulinge ein paar Tipps, die sowohl allgemeine als auch spezielle Themen behandeln und sämtlich eigenen Erfahrungen entspringen.

Mögen sie zu einer gelungenen Tour beitragen.

Die An- und Abreise ist die schlimmste Komponente überhaupt, um im gelobten Land wandern zu können. Schließlich reden wir hier von einer durchschnittlichen Entfernung von 2500 km für in Deutschland ansässige Trekkingkandidaten.

Tipp: Anreise

Es bieten sich grundsätzlich 3 Transportgefäße für den Wanderer an: Auto, Zug und Flieger.

Wer sich überlegt, mit dem **Auto** zu fahren, sollte die Strecke im Hinterkopf behalten und sich überlegen, wieviel Zeit (und Kraft) er für die <u>beiden</u> Fahrten verbraten möchte. Für deutsche Trekker sind es — je nach Bundesland — immerhin 2300 bis über 3000 km → EINE Strecke (Bsp.: München-Gällivare = 2800 km; Flensburg-Gällivare=2100 km)! Für Bochum-Gällivare=2500 km bedeutet das insgesamt **4 Tage** bei 11 Stunden reiner Fahrzeit pro Tag bei Tempo 120. Ø Spritkosten bei 7 l/100 km und 1,60 EUR/l = ca. **560 EUR** — Hin und zurück.

Der **Zug** ist da schon bequemer. Damals brauchte es ca. 36 Stunden (Bochum-Abisko) und preislich werden die Zugtickets auch günstiger sein als der Sprit. Hier sollte man Tante Google intensiv nach Ermäßigungen im In- und Ausland befragen (z.B. Scanrail-Ticket). Hin und zurück also 72 **Stunden**.

Der **Flieger** ist natürlich ungeschlagen, was die Reisezeit anbelangt. Im vorliegenden Fall betrug die Reisezeit: Abflug in Düsseldorf 6:50 h, Ankunft in Gällivare 15:05 h = gut 8 Stunden, plus 1,5 Stunden Einchecken am Flughafen. Also großzügig gerechnet hin und zurück knapp **20 Stunden** bei einem Preis von ca. **450 EUR**. Auch hier empfiehlt sich, das Zwischennetz zu durchforsten.

...nur noch bis dahinten!

Nun gibt es tatsächlich Leute, die blauäugig ihre (Wander)Premiere mit einer Tour in unbekanntes Gebiet gepaart mit dem Fehlen jeglicher Erfahrung feiern wollen und sich wundern, wenn „plötzlich" Situationen entstehen, die sie u.U. vor echte Probleme stellen.

Nachfolgend gibt's ein paar „Meilensteine" in der Planung, die sich indes bei Einschalten des gesunden Menschenverstandes von selbst ergeben sollten.

Tipp: Planung

- **Zielgebiet** festlegen

- **Wanderkarte(n)** vom Zielgebiet besorgen; für schwedisch Lappland - **Nya Fjällkartan** im Maßstab 1:100.000 Blätter BD01 – BD10; für Norwegen **Turkart** im Maßstab 1:100.000 oder 1:50.000 – je nach Gebiet; für Finnland **Retkeilyopas & Kartta** im Maßstab 1:100.000 oder 1:50.000 – je nach Gebiet.

- **Route** auswählen und dabei...

- ...das **zeitliche Budget** und die eigene **körperliche Verfassung** berücksichtigen.

- **Puffertage** einplanen, an denen man nicht geht (Wetter, Erschöpfung, Pause). An- und Abreisezeit nicht vergessen.

- **Markierten Wanderweg** auswählen, wenn man die Vorteile der Hüttenstationen nutzen will (Übernachtung, Proviant), die sich in einem niedrigeren Rucksackgewicht niederschlagen. Über die einzelnen Hütten kann man sich im Netz informieren.

- Bei **Querfeldeinroute** den benötigten Proviant berechnen. Faustformel: 1 kg pro Mann und Tag [= üppig]; machbar für kurze Touren, bei längeren Touren max. 500-600 g pro Mann und Tag rechnen.

- Beim **Kartenstudium** auf schwierige Passagen achten. Z.B. wo Höhenlinien eng zusammen liegen, ist es in der Natur steil.

- Frühzeitig die **Ausrüstung** checken. Fehlendes rechtzeitig beschaffen. Wichtig sind gute Schuhe, guter Rucksack und gutes Zelt.

- Rechne mit **schlechtem Wetter**. In Lappland auch im Sommer Handschuhe und Mütze mitnehmen.

...nur noch bis dahinten!

Ein eingefleischter Couchpotatoe würde sich wohl kaum für eine Urlaubsform der in diesem Buch beschriebenen Art entscheiden. Das liegt vermutlich an dem spärlichen Angebot batteriebetriebener Fernsehgeräte und dem kaum in den Griff zu bekommenden Volumen eines 3-Wochen-Vorrats an Chips, Flips und Salzstangen. Vom Bier ganz zu schweigen.

Doch selbst wer sich nicht zu dieser Randgruppe zählt und sich gar regelmäßig sportlichen Freizeitaktivitäten hingibt, sollte seine eigene Fitness kritisch beleuchten. Schließlich steht eine körperliche Dauerbelastung bevor und nach spätestens 2 Marschtagen nimmt man bewusst Körperpartien wahr, von denen man vorher gar nicht wusste, dass man sie überhaupt hat.

Das Fazit lautet: wer heute noch im warmgepupten Sessel sitzt und übermorgen den prallen Rucksack durch die Landschaft keulen will, befindet sich in einer ungünstigen Ausgangslage. Daher ist es ratsam, vorbeugende Maßnahmen zu ergreifen.

Tipp: Körperliche Vorbereitung

Für Leute wie mich, die unter dem Jahr nicht wirklich viel Sport treiben und Schreibtischtäter sind, empfiehlt sich eine gezielte körperliche Vorbereitung. Und die Notwendigkeit dazu steigt proportional zum finalen Rucksackgewicht. Bei einer 3-wöchigen Tour ohne Verproviantierungsmöglichkeiten und dem Zwang, Zelt, Kocher, Schlafsack und das ganze Gelumpe mitzuschleppen, kommt man (bei zwei Personen) nicht unter 35 kg pro Kopf weg. Das ist schon 'ne Nummer, die man so: weg-vom-Schreibtisch-und-ab-in-die-Wildnis nicht packt, wenn man nicht gleich am Ende der ersten Etappe kreuzlahm darnieder liegen möchte.

Ich habe die Erfahrung gemacht, dass zumindest in den letzten 6 Wochen vor der Reise regelmäßige Gewöhnungsphasen für Beine, Rücken und vor allem: Nacken durch Gehen mit Gewicht (Sandbeutel, Hantelscheiben...) im Rucksack, die ersten Tage erheblich erträglicher werden lassen als ohne diese Maßnahme.

Je nachdem, wie das zu bereisende Gelände beschaffen ist, kann man Steigungen sehr gut mit Treppensteigen trainieren. Gebäude mit einer erklecklichen Geschoßzahl eignen sich hierfür besonders gut. Die G-Gebäude in der Bochumer Ruhr-Uni haben ein gutes Dutzend Etagen. Wenn man da einige Male vom „Keller bis zum Dach" gestiegen ist, weiß man, was man getan hat.

Wem das zu blöd ist, für den gilt: *Lerne leiden, ohne zu klagen.*

...nur noch bis dahinten!

Wer eine Tour auf den markierten Wegen der nordischen Wandervereine STF (Svenska Turistföreningen) und DNT (Den Norske Turistföreningen) macht, hat in der Regel mindestens einmal Gelegenheit, an einer Hüttenstation Lebensmittel zu kaufen. Andernfalls muss der gesamte Proviantbedarf im Vorwege beschafft, für die Reise vorbereitet und an den Startpunkt der Wanderung gebracht werden. Die Menge hängt von der Länge der Tour ab, die Art von den persönlichen geschmacklichen Vorlieben.

Beim Verstauen der Fressalien sollte man auf auslaufsichere Umhüllungen und wenn möglich, Verringerung des Volumens achten.

Tipp: Proviant beschaffen

Sogenannte Outdoor-Nahrung (auch gerne mit Survival-Nahrung betitelt) bietet gegenüber den herkömmlichen Supermarkt-Tütensuppen u.Ä. immerhin den "Vorteil" erheblich höherer Preise, wenn schon nicht mehr Inhaltsstoffe.

Meiner Meinung nach eignet sich die Discounter-Variante zur Verproviantierung ganz hervorragend. Also rein in die Supermärkte und Tütensuppen und Fertiggerichte (alles dehydriert natürlich) gekauft. Mach Dir vorher eine Liste, an wie vielen Tagen es welches Gericht geben soll, damit Du

a) die richtige Gesamtmenge und

b) die richtige Menge gleichartiger Gerichte einkaufst, wenn mehrere Einheiten gleichzeitig zubereitet werden sollen.

Punkt b) kann vernachlässigt werden, wenn es Dir piepenhagen ist, Broccoli-Creme-Suppe und Ochsenschwanz-Terrine zusammen zu kochen, solange der Becher nur voll genug ist.

Tipp: Proviant aufpeppen

Neben Müsli, Tütensuppen und anderem Trockenfutter bieten **Salamis** (empfohlene Größe: 750-G, das sind i.d.R. 35-cm-Prengel mit einem ernst zu nehmenden Durchmesser) eine höchstwillkommene Abwechslung im Speiseplan. Dann hat man wenigstens ab und zu mal richtig was zu kauen.

Ein exquisites Highlight bieten am offenen Feuer angekohlte Salamischeiben. Aufgespießt an kurzen Zweigen - wenn man denn im Fjäll welche findet - oder auch an den Enden eines kleinen Rentiergeweihs und in die Flammen gehalten, läuft einem das Wasser bereits im Mund zusammen, während man beobachtet, wie das Fett ins Feuer tropft und die Wurstscheiben sich appetitlich in der Hitze biegen.

Grandios!

...nur noch bis dahinten!

Tipp: Proviant Zusammenstellung

Die grundsätzliche Proviantfrage ergibt sich zwangsläufig entsprechend der gewählten Tour; d.h. kann unterwegs Proviant nachgefasst werden oder nicht. Der entscheidende Vorteil im ersten Fall ist, dass zum Einen das Rucksackgewicht erheblich geringer ausfällt und zum Anderen deshalb Lebensmittel ungeachtet ihrer Darreichungsform (schwere Konserven oder Glasbehälter) oder Nährstoffwerte ausgewählt werden können.

Muss man allerdings das ganze Gelumpe von Anfang an mitschleppen sollte bei der Zusammenstellung des Proviants das Hauptaugenmerk auf den Nährstoffgehalt in Verbindung mit dem Gewicht der Lebensmittel gerichtet werden. Schwere (Glas) oder sperrige (Karton) Verpackungen sind zu vermeiden.

Hier ist ein Auszug aus unserer Proviantliste:

- Frühstück:
  Müsli, Magermilchpulver (löst sich besser auf als Vollmilchpulver), 2 Pakete **FinnCrisp** für die ersten Tage, **Honig** (Plastik-Drückflasche — erspart klebriges Umfüllen vom Glas in Plastikbehälter wie bei **NussNougat-Creme**);

- Hauptmahlzeiten:
  Spaghetti, Kartoffelgerichte (halbfertig; z.B. Bratkartoffeln, Rösti), dehydrierte **Pastagerichte** und **Suppen**, Feststoffnahrung in Form von **Salamis** (750-g-Prengel mit 6-7 cm Durchmesser);

- Zwischendurch und so:
  Müsliriegel, Schokolade, Nüsse, Rosinen, Vitamin-Mineral-Pillen, Tee, Trockenobst.

Für die Mengen muss jeder seine persönliche Hungergrenze berücksichtigen. Die Faustformel besagt: 1 Kilo pro Mann und Tag — allerdings glaube ich, dass sie auf veralteten Grundlagen beruht und vor der Verfügbarkeit von dehydrierten Nahrungsmitteln aufgestellt wurde. Wir haben für 3 Wochen und 3 Personen insgesamt etwa 35 kg Lebensmittel eingeplant - das entspricht rechnerisch etwa 600 g pro Mann und Tag.

Es sollte jedem klar sein, dass eine Tour ohne Proviantstationen alles andere als eine Schlemmertour wird.

Tipp: Proviant verpacken

Es gilt grundsätzlich, das Volumen des Proviants so gering wie möglich zu halten und darauf zu achten, dass der Rucksackinnenraum nicht durch loses Milchpulver oder Müsli o.Ä. versaut wird. Gerade die klarsichtigen Müslibeutel zerstören sich selbst gerne leicht und schnell.

Darum lohnt sich der Zeitaufwand, das lose Zeug in handliche Gebinde umzupacken. Dazu eignen sich 3-l-Gefrierbeutel ganz hervorragend. Zusätzliche Sicherheit (gegen Auslaufen und Feuchtwerden) kann man erlangen, indem man jeden so gefüllten Beutel in einen zweiten steckt.

Tipp: Proviant komprimieren

Kleines Packmaß ist oberste Pflicht. Nahrungstüten mit dehydriertem Inhalt lassen sich fabelhaft komprimieren. Einfach ein kleines Loch in den oberen Teil der Suppentüte stechen und dann von unten stramm aufrollen, um die enthaltene Luft heraus zu drücken. Einmal Tesa drumherum - fertig ist die kleine Suppenrolle. Gleichartige Gerichte kann man zusammenkleben – erspart mühsames Suchen im Rucksack. Kennzeichnung nicht vergessen, weil man im aufgerollten Zustand u.U. nicht mehr lesen kann, was drin ist.

Tipp: Proviant vorausschicken

Die Kehrseite der Medaille von 3 Wochen Freiheit und Einsamkeit ist die umfangreiche notwendige Logistik. Für 20 Tage draußen kommt man unter 35 kg Nutzlast pro Kopf nicht weg. Diese Tonnage muss natürlich auch bis ins Zielgebiet verbracht werden.

Je nach gewählter Beförderungsart gestaltet sich dieser Teil der Reise bereits mehr oder weniger kraftraubend und gegebenenfalls kostenintensiv.

Es bietet sich an, die unkomplizierten Schweden und ihre Freundlichkeit mit ins Boot zu nehmen. So habe ich nach Absprache 2 Bananenkartons prall gefüllt mit Proviant per Post nach Saltoluokta vorausgeschickt, die dort im Keller bis zu unserer Ankunft zwischengelagert wurden.

...nur noch bis dahinten!

„Wer sich in Gefahr begibt, kommt darin um!", könnte man sagen. Muss aber nicht sein. Gegen viele Dinge kann man sich wappnen und entsprechende Mittelchen aus dem reichhaltigen Fundus heimischer Apotheken requirieren.

Tipp: Medikamente

Bei größeren Trekkingtouren und anderen Outdoor Aktivitäten lohnt es sich auch, eine Rucksackapotheke dabei zu haben

Diese erhält umso mehr Bedeutung, je weiter die nächste ärztliche Versorgung entfernt ist. Die Rucksack-Apotheke sollte immer der Länge der Tour und der Region angepasst sein.

Zur Grundausstattung gehören in jedem Fall Desinfektionsmittel und Alkoholtupfer, Pflaster, verschiedene Arten von Verbandszeug, Schmerzmittel und Wund- bzw. Heilsalben, elastische Binden, Mittel gegen Erkältungen, Durchfall/Verstopfung, krampflösendes Mittel. Darüber hinaus sollte Zubehör wie Rettungsdecke, sterile Handschuhe, eine Pinzette, eine Zeckenzange sowie eine Verbandsschere nicht fehlen. Ebenso ein Signalgeber wie Leuchtraketen oder Spiegel.

Damit die Rucksack-Apotheke über die volle Zeit der Tour einsatzfähig ist, muss sie wasserdicht verpackt sein, damit sie weder durch Gewitter oder sonstige flutende Ereignisse unbrauchbar wird.

Viele namhafte Ausrüster bieten in ihren Sortimenten **First-Aid-Kits** an, die als Grundstock gut herhalten können.

Vermutlich würde jeder etwas anderes raten, wenn es um die Nennung nützlicher Gegenstände geht. Ich würde immer ein Seil mitnehmen; das kann in vielen Situationen eingesetzt werden und so manche Sache vereinfachen.

Tipp: Seil

Ich habe festgestellt, dass ein Seil mitunter ein recht nützliches Utensil sein kann. Und sei es nur, um eine Wäscheleine zum Trocknen nasser Klamotten zu installieren. Oder auch, um einen Rucksack an einer schwierigen Passage abzuseilen. Oder, oder, oder....

20 – 30 Meter Seil aus dem Outdoorladen   (Querschnitt 5 mm reichen) können Wunder bewirken und haben dabei kein großes Gewicht.

...nur noch bis dahinten!

Selbst eingelaufene Schuhe sind kein Garant für blasenfreie Füße am Ende oder inmitten einer Wanderung. Doch mit gezielter Vorbeugung ist dieses Ziel erreichbar. Auch der GAU – eine offene, nässende, tiefe Blase – lässt sich erfolgreich so behandeln, dass der Rest der Tour schmerzfrei abläuft.

Tipp: Blasenprophylaxe – Zehen / Ferse

Wer nach mehreren Stunden Wanderei Probleme mit „gereizten" kleinen Zehen in seinen Schuhen bekommt, kann dies mit einer einfachen Prophylaxe verhindern:

beschaffe Dir 2-3 mm **dünnen Schaumstoff**, schneide daraus einen schmalen ca. 15 cm langen Streifen und wickele ihn großzügig um die Zehen. Beginne zwischen dem großen Onkel und dem zweiten Zeh, ziehe den Schaumstoffstreifen zwischen die einzelnen Zehen und wickele schließlich den kleinen, äußeren Zeh schön ein und führe den Streifen wieder auf gleiche Weise zurück. Damit wird er während des Laufens nicht verrutschen.

Dünnen Schaumstoff gab es früher häufiger in Obstkisten. Einfach mal durch die Supermärkte oder über den Wochenmarkt schlendern. Ansonsten einen Stoffladen konsultieren.

Der klassische Blasenaspirant, der Fersenbereich, lässt sich im Vorwege wunderbar vorbeugend schützen. Hilfsmittel: **breites Leukoplast (5 cm)** einmal großzügig um die Ferse geklebt wirkt Wunder.

Das kann natürlich auf alle anderen individuellen Schwachstellen angewendet werden. Die Silk- oder Seidenversion mit glatter Oberfläche, über die der Socken ggf. besser rutschen kann, hat sich meiner Meinung nach nicht bewährt, weil das Zeug nicht gut genug klebt.

Das gilt besonders für den Fall, wenn eine offene Blase verarztet werden muss *(siehe Tipp: Blasenbehandlung)*.

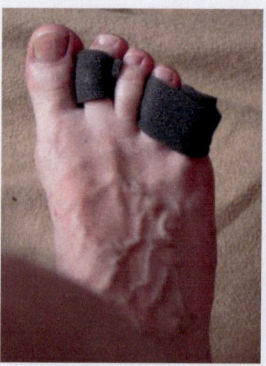 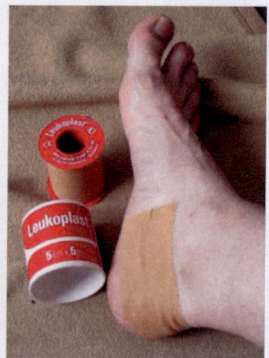

Tipp: Blasenbehandlung

Aus irgendeinem Grunde ist das Kind in den Brunnen gefallen und eine Blase ist da, tut mehr oder weniger weh und macht das Laufen zunehmend schmerzhaft. Die nachstehende Beschreibung funktioniert nachweislich. *(Das abgebildete rohe Fleisch ist meine Ferse am Abend des zweiten Wandertages in Lappland im Jahre 2000, als ich leider zu spät feststellen durfte, dass die Polsterung meines Innenschuhs kaputt war.)*

Wenn es so weit gekommen ist (und ich denke, alle vorhergehenden Stadien im Lebenszyklus einer Blase lassen sich genau so behandeln), mache Folgendes:

(1) Zunächst gilt es, das **Gewebe geschmeidig** zu halten, damit trocknende und härtende Wundränder nicht zusätzlich in die Wunde pieken. Nimm dazu irgendeine Creme, die Du dabei hast (Hauptsache es ist fettig) und schmiere sie auf die Wunde.

(2) Darüber wird ein **Wundpflaster** mit steriler Auflage geklebt. Achte darauf, dass die Klebestellen des Pflasters auf fettfreie Haut gelangen, damit sie auch gut kleben.

(3) Anschließend wird ein Streifen **Leukoplast** (5 cm breit) vorbereitet, der später großzügig rings um die Ferse geklebt wird. Also lang genug abschneiden.

(4) Jetzt kommt das Wichtigste! Nimm einen Streifen des **dünnen Schaumstoffs** (siehe Tipp: Blasenprophylaxe: Zehen) und falte diesen mehrmals Leporello, bis Du ein schönes Polsterpäckchen erhältst. Die Blase mit dem Wundpflaster sollte großräumig komplett mit dem Polster bedeckt sein. Beachte, dass das Päckchen zunächst ziemlich dick aussieht, aber im Laufe der nächsten Laufkilometer mehr und mehr gepresst wird. Die Dicke des Polsters muss man halt durch Ausprobieren ermitteln. Es kommt auch darauf an, wie es letztlich in den Schuh passt.

(5) Das Schaumstoffpolster wird durch den vorbereiteten Leukoplaststreifen am Fuß fixiert.

(6) Schneide einen zweiten Streifen **Leukoplast** zurecht und klebe diesen rechtwinklig zum Ersten um den Fuß. Sieht zwar aus, als hätte man die Beulenpest, funktioniert aber.

Ich habe es immer so gehalten, dass ich alle 4-5 Tage über Nacht Luft an die Sache gelassen habe und den „Verband" dann erneuert habe. Das Schaumstoffpolster kann man dabei meist wiederverwenden. Die eigentliche Ausheilung muss dann nach der Rückkehr zu Hause erfolgen.

Wenn man zwischendurch waten muss, ist das auch kein Problem. Kann ruhig alles nass werden — das Leukoplast lässt fast nichts durch. Solange der Kleber sich nicht löst — prima: never touch a running system!

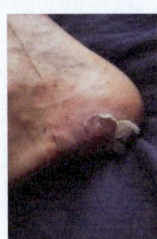 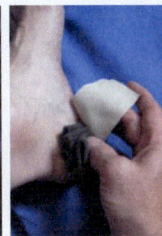 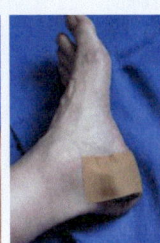 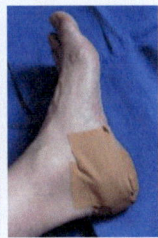

...nur noch bis dahinten!

Wer keinen Sherpa mit einem Schrankkoffer voller Wechselklamotten neben sich herlaufen hat, wird voraussichtlich 2 oder 3 Wochen lang ein und dasselbe Outfit auf dem Laufsteg der textilen Gleichgültigkeit präsentieren. Zwangsläufig wird man am Ende der Reise von einer Aura des Unnahbaren umgeben sein. Gleichwohl muss eine gewisse Grundhygiene nicht zwangsläufig ausgeschlossen werden.

Was man tun kann – und eventuell auch wie – verraten die nachfolgenden Tipps.

Tipp: Waschzeug

Albtraum: die Flasche mit dem Waschgel hat sich geöffnet und der Inhalt hat sich in den Rucksack ergossen. Glück, wenn der kontaminierte Bereich nur ein kleiner Packbeutel ist.

Ich benutze auf Wanderungen ein Seifenstück (Speick) – geeignet für Haut und Haar. Das kann nicht auslaufen und ist zudem von geringerem Gewicht und Volumen als eine Waschgelflasche.

Tipp: Klopapier

Outdoor-Leben heißt zwar prinzipiell „back to the roots", jedoch muss man sich den Naturvölkern nicht unbedingt in der Weise annähern, dass man während der Tour mit einer Ess- und einer Kothand werkelt. Also sind Hilfsmittel erlaubt, die geeignet sind, Spuren des großen Verdauungsgeschäfts gar nicht erst an die äußeren, oberen Extremitäten bzw. in die Unterhose vordringen zu lassen.

Ordinäres Klopapier (1-, 2- oder n-lagig) zeichnet sich durch ein großes Packmaß aus. Je größer „n" ist, umso größer das Rollenvolumen. Diesen Mangel kann man teilweise heilen, indem einige Meter Papier abgewickelt, ganz eng wieder aufgewickelt und schließlich in den hohlen Rollenkern eingebracht werden.

Viel eleganter ist dagegen die Variante: **Feuchttücher** (gibt es auch umweltfreundlich, weil biologisch abbaubar). Geringeres Packmaß, höhere Reißfestigkeit, größerer Hygienefaktor und durch geringeren Reibungswiderstand deutlich körperfreundlicher – besonders dann, wenn man schon nah am „Wolf" läuft.

Du willst **kein Klopapier verwenden**? Geht auch! Grass, Blätter oder Moos in Reichweite leisten gute Dienste. Moos ist dabei die erste Wahl. Die letzten Rückstände kann man entweder ignorieren (und später als Klabusterbeeren abpflücken) oder verbleibend in der gewählten Kackposition per Wasserstrahl aus der Flasche – dosiert rücklings in die Kimme gegossen – abwaschen.

...nur noch bis dahinten!

Tipp: Ganzkörperwaschung

Früher oder später – meist früher – ist es an der Zeit, den Schweiß und sonstigen Schmutz vom Körper zu waschen. Dazu bieten sich die Wildbäche und Flüsse und Seen geradezu an

Mit etwas Glück findet man in der Nähe des Zeltplatzes im benachbarten Gewässer eine Auswaschung, Vertiefung oder Ähnliches, die ein Untertauchen des kompletten Körpers erlaubt. Idealerweise sucht man seinen Zeltplatz vor dem Hintergrund einer anstehenden Badeeinheit aus.

<u>Vorab</u>: das Wasser ist in der Regel schwei-ne-kalt und eine Ganzkörperwaschung kostet immer wieder Überwindung.

Die Verweildauer im Wasser wird naturgemäß kurz sein. Daher empfiehlt es sich, das Einseifszenario noch auf dem Trockenen durchzuführen. Das Bergheferl oder einen Topf zum Nassmachen benutzen und ggf. auch schon zum Seife abspülen benutzen.

Beim Haare waschen mit der Dosierung des Abspülwassers Vorsicht walten lassen: kleine Portionen nehmen, ansonsten droht heftiges Kopfweh durch das kalte Wasser.

Zum krönenden Abschluss, wenn man denn so schön vorgenässt ist, beherzt in die „Wanne" stiefeln und langsam untertauchen. Heftiges, stoßweises Atmen, unterstützt durch Begeisterungsschreie, motiviert dazu, den Tauchvorgang auch wirklich abzuschließen.

Du wirst feststellen, dass es einfach herrlich ist, wenn man einmal drin ist. Wenn Du genug hast, raus, abtrocknen und die vorher bereit gelegten Anziehsachen überstreifen.

Ergebnis: Man fühlt sich total erfrischt und – sobald man wieder in den Kleidern steckt – wohlig warm.

WICHTIG: Auch beim Baden immer Trekkingsandalen anziehen. Man verliert in dem kalten Wasser sehr schnell das Gefühl in den Füßen, was die Verletzungsgefahr in den steinigen Flussbetten begünstigt.

Tipp: Pinkeln und das Andere

Was Männer zwischendurch erledigen, ohne den Rucksack abzusetzen, bedeutet für Frauen doch etwas mehr körperlichen Einsatz und zugleich eine zusätzliche Mückenfalle (s.u.).

Der andere Ausscheidungsvorgang von i.d.R. nicht-flüssiger Materie ist vornehmlich gekennzeichnet durch die permanente Abwesenheit gediegener weißer, ergonomisch geformter Keramik. Das führt dazu, über verschiedene Techniken nachzudenken, um zum Einen lehmartigen Fallout vom Innenraum der Hose fernzuhalten und zum Anderen Muskelkrämpfe in den Oberschenkeln zu vermeiden:

1)   Die gemeine Hocke. Sie ist grundsätzlich überall anzuwenden, jedoch sollte man die Bodenbeschaffenheit im Auge behalten. Befindet man sich z.B. mitten im Geröllfeld, könnte die Standsicherheit gefährdet sein; zu hoch gewachsener Pflanzenbewuchs — etwa im Weidengürtel — könnte sich ebenfalls unangenehm auswirken.

2)   Anlehnen an Felsen. Je nach Dauer ist das die Methode, die kräftige Oberschenkel verlangt. Die Oberschenkel sind waagerecht, man drückt sich mit dem Rücken an einen Felsen und lässt der Natur seinen Lauf. Die Hose nicht zu tief runterlassen — siehe oben Stichwort „Fallout".

3)   Sitzen auf Stein. Mit etwas Glück findet sich ein flacher Felsen, auf dessen Kante man sich setzen kann.

4)   Donnerbalken. In Waldgebieten bietet sich dazu idealerweise ein umgestürzter Baum an. Schade, dass man bei solchen günstigen Gelegenheiten nicht auf Vorrat....

Verwende Dein Papier sparsam und verteile es nicht großräumig in der Landschaft. Schön wäre es, wenn Du abschließend Deine Hinterlassenschaft mit einem Stein oder Erde abdeckst oder gar vermischt. Steine liegen ja überall genug herum. Folgewanderer und die ansässigen Mikroorganismen werden es Dir danken.

<u>Hinweis:</u>

Alle Techniken verlangen eine Entblößung der entsprechenden Körperregion → siehe hierzu auch: **Tipp: Mücken beim Stuhlgang.**

...nur noch bis dahinten!

Nachdem es im Sarek nur wenige Brücken gibt, ist es sehr wahrscheinlich, dass man in die Situation gerät, einen Wasserlauf auf andere Art überqueren – oder besser: *durch*queren – zu müssen. Aber auch in anderen Wanderregionen soll es gerüchteweise brückenlose Wasserläufe geben, für die das Nachstehende ebenso gilt.

Tipp: Waten

Hat man Glück und der Wasserstand ist niedrig und/oder der Wasserlauf ist schmal, kann der Weitermarsch ohne die erzwungene Unterbrechung durch Schuhwechsel im Idealfall steinhopsenderweise angegangen werden. Andernfalls ist waten (oder furten) angesagt.

Grundsätzlich gilt:
* niemals barfuß waten. Die Verletzungsgefahr durch gefühllose Füße wegen der Kälte und durch die von der Strömung mitgerissenen Steine ist zu groß. Alte Turnschuhe, Trekkingsandalen, Surfschuhe o.Ä. sind dazu gut geeignet;
* spätestens ab halber Wade Wassertiefe einen Wanderstock als drittes Bein benutzen – besser: **zwei** Wanderstöcke bzw. Trekkingstöcke (diese auf volle Länge ausziehen);
* bei zu großer Wassertiefe (max. bis zum Po) besser flachere Furt suchen, sonst ist der Wasserdruck zu hoch;
* Wasserstandsänderungen im Tagesablauf beachten; morgens ist der Pegel i.d.R. niedriger als am späteren Tag;
* wenn größere Felsen im Weg liegen, besser mit dem Spielbein festen Stand zwischen den großen Steinen suchen, als darauf (Rutschgefahr)
* Brust- und Hüftgurt des Rucksacks öffnen, um schnell aus den Gurten zu kommen – bei einem Sturz in knietiefes Wasser wird es schwierig, sich mit einem hohen Rucksackgewicht schnell genug wieder aufzurichten.

Technik

Schräg zur Strömung waten mit der Brust gegen die Strömung. Mit 2 Stöcken hat man immer 3 Fixpunkte (2 Füße, 1 Stock), die auch in starker Strömung einen stabilen Stand geben. Benutzt man nur einen (Wander)Stock, befindet man sich beim Vorwärtsgehen immer in einer wackligen Situation. Der zweite Stock - stromaufwärts gerichtet - sondiert den Grund, wird aufgesetzt und belastet, wenn der stromabwärts gerichtete Stock umgesetzt wird bzw. wenn der nächste Schritt getan wird.

**Im Zweifelsfall lieber umkehren oder die Route umplanen,
als ein unnötiges Risiko eingehen.**

...nur noch bis dahinten!

Ein offenes Lagerfeuer ist eine hochromantische Angelegenheit und liefert besonders in Zusammenhang mit einem Outdoor-Aufenthalt Gefühle von Freiheit und Abenteuer. Dazu tragen der heimelnde Lichterschein ebenso bei wie der beißende Rauch in den Augen.

Damit es ein positives Erlebnis für einen selbst und kein Einschneidendes für die Umwelt wird, sollten gewisse grundsätzliche Dinge beachtet werden.

Tipp: Feuer

Offenes Feuer wird im Nationalpark grundsätzlich nicht gern gesehen. Zum einen wegen der Brandgefahr — zumindest im Wald — , zum anderen wegen der Verschandelung der Landschaft. Bevor eine Feuerstelle wieder überwachsen sein wird, vergehen viele Jahre.

Offenes Feuer zum Kochen sollte vermieden werden — dafür hat man ja seinen Kocher dabei.

In Waldgebieten, entlang der markierten Pfade, gibt es aufgrund der Bodenbeschaffenheit wenig Möglichkeiten, sein Zelt aufzuschlagen. Wenn es einen geeigneten Platz gibt, wird er häufig von Wanderern frequentiert. Hier findet man in der Regel eine Feuerstelle vor, die man auch benutzen kann.

Im Fjäll erübrigt sich das Thema Feuer schon fast, da es dort nur wenig Brennmaterial gibt. Oberhalb der Baumgrenze muss man schon lange sammeln (tote Weiden- oder Wacholderäste), um ein Feuer überhaupt zu entfachen und hernach unterhalten zu können.

In der Übergangszone zwischen Wald und Fjäll herrscht häufig dicht bewachsener Boden mit Moosen und niedrigen Sträuchern vor. Will man hier ein Feuer entzünden und keine Spuren hinterlassen, empfiehlt es sich, mit dem Messer drei Seiten eines entsprechend großen Rechtecks für die Feuerstelle möglichst tief abzustechen und wie einen Teppich aufzuklappen. So kann man auf dem Erdreich zündeln, ohne den Bewuchs zu zerstören. Wenn man den Lagerplatz verlässt und alles gut gelöscht hat, einfach den aufgeklappten Pflanzenteppich wieder zurückrollen.

Als Brennmaterial nur nehmen, was auf dem Boden liegt. Keine Zweige oder Äste von lebenden Bäumen nehmen!

Der beste Firestarter ist hauchdünn abgezogene Birkenrinde — idealerweise von Totholz, weil lebende Bäume nicht beschädigt werden dürfen. Eine Handvoll davon als Feuernest, darauf dünnes Reisig und dickeres Reisig bis zu kleineren Ästen. Dann anzünden. Die Birkenrinde brennt schnell weg, so dass von Anfang an genug anderes brennbares Zeug vorhanden sein muss. Anschließend dafür sorgen, dass das Feuer immer genug Nahrung hat.

...nur noch bis dahinten!

Salami am Spieß - göttergleich

...nur noch bis dahinten!

Um die blutrünstigste Kreatur des Hohen Nordens ranken sich die abenteuerlichsten Geschichten und Schauermärchen: es ist die **Mücke**.

Im Hochsommer erlebt die Teufelsbrut ihre Hochzeit und in dieser Periode muss der Terminus „himmlische Heerscharen" neu definiert werden. In dieser warmen Zeit sind die Sauger natürlich zahlreich, allerdings sind sie weit davon entfernt, ganz Lappland wie eine schwarze, wabernde Masse zu bedecken.

Trotzdem sind sie lästig und mitunter dermaßen nervig, dass man gelegentlich geneigt ist, die Brocken einfach hinzuschmeißen. Für einige in diese Kategorie fallende Situationen mögen die folgenden Tipps genügen. Der beste Tipp, um den Mücken zu entgehen, sei hier separat aufgeführt: die Reise einfach später antreten, etwa ab Mitte August, wenn im Fjäll der erste Frost zugeschlagen hat. Der dezimiert das Mückenvolk erheblich und der Rest ist längst nicht mehr so agil wie im Sommer.

> *Als es Abend wurde, kurz bevor die Sonne unterging, geriet ich in eine gewaltig große Menge von Mücken, es war zum Verwundern. Es schien, als erfüllten sie alle Luft, besonders über feuchten Wiesen, fuhren einem in Mund, Augen und Nase, denn sie wichen nicht von ihren Wege ab. Sie waren zwar nicht bösartig, da sie nicht stachen, aber ihrer waren so viele, dass man nicht atmen konnte. Ich langte in die Luft und kriegte Myriaden mit meiner Hand zu fassen, sie kamen alle um, waren aber so klein, dass ich sie nicht beschreiben konnte. Man nennt sie hier knort.*
> *[Linné, S. 97]*

Darüber hinaus gilt: dort, wo etwas Wind geht, hat man in der Regel Ruhe vor den Viechern.

...nur noch bis dahinten!

Tipp: Mückenabwehrmittelchen

Nichts hilft wirklich auf Dauer – traurig, aber wahr. Besonders, wenn man stark schwitzt. Mitteleuropäische Produkte - habe ich den Eindruck – setzen die Viecher nur auf Droge und putschen sie richtig auf.

Das Beste ist, lokal erhältliche Mittel zu verwenden. Nordic Summer, eine Paste, die „brandig, rauchig" daherkam – und von irgendjemanden als gesundheitsschädlich eingestuft worden ist, gibt es leider nicht mehr. Aktuell ist MYGGA auf aller Haut: gibt's als Spray und als Stick. Hält die Drecksviecher zumindest eine kleine Weile auf Abstand. Kann man auch online beschaffen.

Tipp: Mückendichte Socken

Falls Du welche findest: **mückendichte Socken** besorgen. Diese am Etappenende anziehen, wenn die schützenden Wanderschuhe von den Füßen gerissen werden. Das erspart eine Vielzahl von Stichen.

Alternativ kann man sich mückendichte Fußbehältnisse aus ggf. mitgeführten Produkten der Gefrierbeutelfraktion basteln: Füße rein, Hosenbeine schließen – fertig. Einziger Nachteil: durch den hermetischen Abschluss „gärt" es ziemlich in den Tüten. Deshalb Vorsicht beim Ausziehen: nicht zu nah am Feuer und weit weg von der eigenen Nase!

...nur noch bis dahinten!

Tipp: Ruhe bewahren beim Mückenangriff

Hektisches Gefuchtel, auch wenn man mitten in einer Wolke fliegender Aggressoren steckt, bringt überhaupt nichts. Eine gewisse Anzahl Stiche sahnt man sowieso immer ab. Besser ist, man konzentriert sich auf den Kopf- und Nackenbereich als besonders verteidigungswürdiger Zone.

Tipp: Weitergehen trotz Mückenwolke

„Wer bremst, verliert!" Dieser Spruch könnte von den Mücken stammen. Natürlich schwirren immer einige um den Wanderer herum, doch die Wolkenbildung mit dem Wanderer als Zentrum setzt erst ein, wenn man stehenbleibt. Dann aber unmittelbar.

Tipp: Mücken im Zelt

Beim Zeltaufbau unvermeidlich: Mücken gelangen ins Innenzelt. Wenn alle Plörren drin sind, muss das Innenzelt dekontaminiert werden. Zunächst alle sichtbaren Rüsselträger am Zelthimmel eliminieren. Das heißt, wie auch immer dauerhaft platt machen: im Flug fangen und die Faust ballen, um den surrenden Stecher zu zerquetschen; von der Zeltwand aufscheuchen und mit in-die-Hände-klatschen auslöschen oder Einzelsubjekt anvisieren und gezielt zwischen Daumen und Zeigefinger festsetzen und genüsslich zerreiben. Den schwarzen Schmier der Mückenleichen irgendwo abwischen - nur keine Hemmungen, es kommen eh noch Hunderte dazu.

Anschließend alle Gegenstände im Innenzelt aufschütteln, um versteckte Blutsauger aufzuscheuchen. Mit diesen ebenfalls wie oben beschrieben verfahren. Nach Toilettengängen oder sonstigen Aktivitäten, zu denen das Mückengitter am Zelteingang geöffnet werden musste, erneut mit der Dekontaminierung beginnen.

Tipp: Mückennetz (für den Kopf)

Durchaus sinnvoll in Wald- oder Sumpfgebieten. Ist aber Geschmackssache. Mancher wird sich eventuell in seiner visuellen Wahrnehmung beeinträchtigt fühlen und kommt dadurch ggf. ins Stolpern. Muss man halt ausprobieren.

<u>Sub-Tipp:</u> Wenn man etwas trinken will, braucht man das Netz nicht hochzuklappen. Man kann direkt durchs Netz trinken. Eventuell festgesetzte Wassertröpfchen in Mundhöhe kann man einfach fortpusten. Nur spontanes Ausspucken halbfester Stoffe sollte man vermeiden.

...nur noch bis dahinten!

Tipp: Mücken und Stuhlgang

Bevor man der ewig lauernden Brut seinen blanken Hintern als Zielscheibe präsentiert, sollte man diesen und angrenzende Bereiche, die zwangsläufig ebenfalls frei zugänglich werden, vorsorglich mit einem Mückenmittel tränken: entweder noch im Zelt oder zügig draußen, sobald die Hose unten ist.

Es versteht sich von selbst, dass die Zeitspanne für das anschließende Geschäft auf ein Minimum reduziert werden sollte.

Tipp: Mücken und Stillhalten

Neuere Erkenntnisse sagen: Hat die Mücke einmal zugestochen und saugt munter an Deinem Blut – verjage oder plätte sie nicht, sondern warte bis sie fertig ist.

Grund: die Mücke spritzt durch ihren Rüssel Proteine in die Haut, die die Blutgerinnung verhindern. So wird der Mückenrüssel beim Saugen nicht verstopft. Die Proteine lösen eine allergische Reaktion aus und verursachen die Ausschüttung von sog. Histamin, das an der Abwehr körperfremder Stoffe beteiligt ist und u.a. den Juckreiz verursacht. Das Gemisch aus Blut und Proteinen wird beim Saugen wieder aus dem menschlichen Körper entfernt. Dazu muss man der Mücke allerdings Zeit lassen, ihr Geschäft zu beenden.

Verjagt oder erschlägt man sie vorzeitig, verbleiben Teile der Proteine im Körper und lösen die beschriebenen Reaktionen aus.

Tipp: Was der Same empfiehlt...

Und was macht der gemeine Same gegen die Mücken? Na, nix!
Der Tipp von dieser Seite lautet: „Der Schmerz entsteht im Kopf.“

Es ist also alles nur Einbildung. Welch ein Glück!

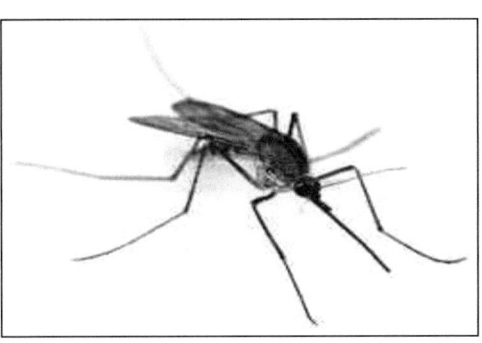

...nur noch bis dahinten!

Wanderungen in der Wildnis haben eins gemeinsam: es gibt keine Wegweiser zur nächsten Burgerbude oder sonstwo hin. Das ist auch im Sarek so. Darum ist es immens wichtig, alle Sternbilder des nördlichen Nachthimmels auswendig zu lernen und jederzeit auf Anhieb den Polarstern bestimmen zu können. Ansonsten bist du in den nordischen Weiten rettungslos verloren…

DAS IST NATÜRLICH TOTALER SCHWACHSINN!

Erstens wird es im Sommer in Lappland nicht dunkel und zweitens: wer nachts wandert hat eh einen an der Waffel.

Tipp: Navigation

Karte und Kompass reichen vollkommen aus. Von den schwedischen Karten weiß ich, dass sie so gut sind, dass man allein damit zurecht kommt. Bei meinen Wanderungen habe ich bisher einmal wirklich meinen Kompass einsetzen müssen, als ich vom Nebel überrascht worden bin.

Trotzdem solltest Du vor Antritt der Reise die Handhabung des Kompasses geübt haben.

GPS ist nett, man braucht es aber nicht wirklich und es raubt Dir das Gefühl, in der freien Natur auch allein klar zu kommen.

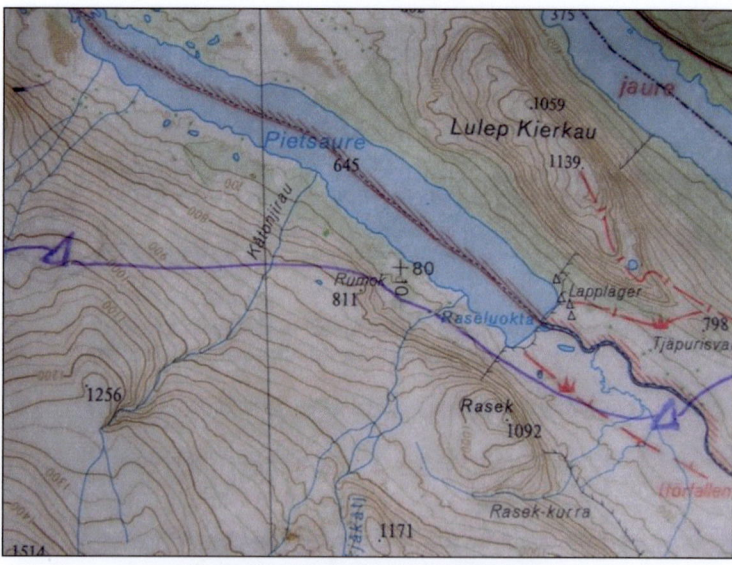

Kartenbeispiel Nya Fjällkartan

...nur noch bis dahinten!

Wer eine solche Reise tut, braucht den einen oder anderen Ausrüstungs-gegenstand. Geeignetes Schuhwerk und ebensolcher Rucksack sind ein Muss. Dasselbe gilt für Zelt und Schlafsack, wenn man außerhalb der Hütten nächtigen will.

Darüber hinaus sind neben funktioneller Kleidung noch viele Kleinig-keiten zu berücksichtigen, die in vielen Situationen nützlich bis unver-zichtbar sind. Ich will an dieser Stelle keine Liste anführen. Darüber kann man sich bei der Vorbereitung auf die Reise bis zum Erbrechen im Netz tummeln. Meine persönliche Ausrüstungsliste habe ich auf meiner Seite www.longdistancetrekker.jimdo.com abgelegt.

Tipp: Ausrüstung

Konkrete Tipps zu einzelnen Ausrüstungsgegenständen wird es an dieser Stelle nicht geben. Dazu ist das Angebot und die Zahl der Outdoor-Läden zu groß und die persönlichen Vorlieben zu zahlreich.

Die einzige Empfehlung, die ich hier geben möchte, ist Folgende: Nicht sparen an Schuhen, Zelt und Rucksack. Alles andere ist zweitrangig und muss auch keine in-Marke sein, insbe-sondere Bekleidung. Hier tun es z.B. auch gebrauchte Bundeswehrhosen aus dem Army Shop. So kann man seine Ausrüstung nach und nach auch über mehrere Jahre vervollkommnen.

Denke daran, dass Du weitab von zivilisatorischen Einrichtungen sein wirst. In den Städten wird es gelegentlich noch möglich sein, mit Plastik zu bezahlen – und als Ausnahme noch in den Fjällstationen mit Straßenanbindung (auch Saltoluokta). Spätestens danach ist es damit aus und vorbei und es heißt: nur Bares ist Wahres. Die Überlandbusse bieten zwar grundsätzlich Kartenzahlung an, allerdings kann das Gerät schon mal defekt sein. Alles schon erlebt.

Tipp: Bargeld

In den Fjällhütten und den Samensiedlungen sowieso kann man Proviant und ggf. Kunst-handwerk nur gegen Bargeld erstehen. Das gilt auch – was noch wichtiger ist – wenn man Boottransfers über Seen in Anspruch nehmen möchte, die der STF als Ruderstrecke ausgeru-fen hat. Oder wo es nur so weitergeht, etwa im Rapadelta. Dort bringt Lennart, der Teure, Wanderer vom Rand des Sarek Nationalparks nach Aktse oder umgekehrt.

...nur noch bis dahinten!

Daran scheiden sich die Geister: wie ist das Zelt einzupacken? Fein säuberlich gefaltet oder chaotisch? Ich halte Letzteres für sinnvoller und verfahre damit wie mit dem Schlafsack.

Tipp: Zelt einpacken

Für ein gutes Zelt, auf das man sich in Regenzeiten verlassen können muss, hat man i.d.R. eine Menge Kohle auf den Tisch geblättert. Da scheut sich vielleicht der Eine oder Andere, das gute Stück beim Einpacken scheinbar „lieblos" zu behandeln. Doch tatsächlich ist Stopfen besser als Falten; d.h. Packsack mit der einen Hand aufhalten und mit der Anderen das Zelt irgendwie hineinstopfen — gnadenlos. Auch im nassen Zustand.

Es geht zum Einen schneller, zum Anderen ist es sinnvoller für die Lebensdauer des Zeltes. Denn Falten erzeugt nur Knicke und damit Sollschwachstellen für eindringendes Regenwasser.

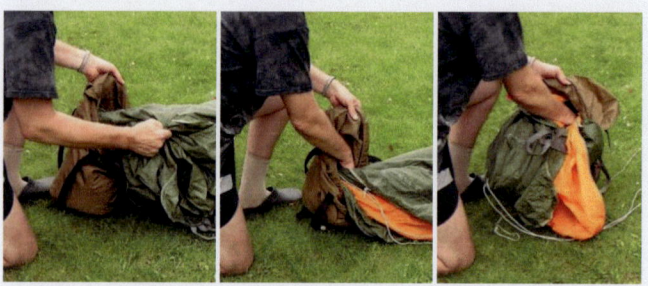

Das Ausmaß des Kleidungsfundus wird sich aus gewichts- und volumentechnischen Gründen in engen Grenzen halten. Das heißt: eine Garnitur befindet sich am Körper, die **eine** andere als Ersatz im Rucksack, falls man tatsächlich mal kladdernass geworden ist und die Temperaturen niedrig sind.

Tipp: Ersatzkleidung

Ersatzkleidung wasserdicht in Plastiktüten verpacken. So bleibt eine Garnitur selbst bei strömendem Regen und undichter Rucksackhülle (wenn man überhaupt eine dabei hat) oder gar bei einem Sturz in tieferes Wasser trocken.

Beim Verpacken in die Plastiktüten kurz vor dem Verschließen die Luft heraussaugen — verringert das Packvolumen und verhindert ungeplantes Platzen der Tüten beim Zusammenpressen.

...nur noch bis dahinten!

Wer warm essen oder trinken will, braucht einen Kocher und entsprechende Gefäße. Das in Skandinavien am weitesten verbreitete Gerät ist der Trangia-Sturmkocher, betrieben mit Spiritus. Alternativ sind Gas- oder Benzinkocher im Angebot. Brennspiritus (T-Röd Bränsle) kann man in der Regel auch in den Proviantshops der Hüttenstationen erwerben, bei Gaskartuschen kann es schon eng werden und Benzin geht meines Wissens gar nicht.

Tipp: Spiritus transportieren

Wer einen Spirituskocher sein Eigen nennt, muss auch den zugehörigen Brennstoff transportieren. Meiner Meinung nach eignen sich SIGG-Flaschen dazu bestens: die sind stabil, leicht, platzsparend und sicher. Darüber hinaus hat die Flasche mit dem klassischen Drehverschluss den Vorteil, dass man den Verschluss nicht komplett herausdrehen muss. Auf halbem Wege befinden sich im Verschluss zwei kleine gegenüberliegende Löcher, die ein portioniertes Ausgießen erlauben. In der neueren Version sind es Längsrillen statt der Löcher. Die schlichte Alu-Variante gibt es in verschiedenen Größen (0,3 bis 1,5 Liter).

Das oben genannte Kochermodell hat zudem den Vorteil, in kompakter Form 2 Töpfe, 1 Kessel und eine Pfanne nebst Brenner bereit zu stellen. Es empfiehlt sich, für wenige Euros einen zweiten Brenner zu kaufen (einfach als Ersatz oder zur unterbrechungsfreien Verlängerung der Kochdauer → keinen Brennstoff in den heißen Brenner nachfüllen!) Die Zubereitung der meisten dehydrierten Menüs verlangt die Vermischung pulverisierter Nahrung mit Wasser. Die beste Methode zu einem klumpenfreien Ergebnis zu kommen, ist die Verwendung eines Schneebesens.

Tipp: Küchenutensilien – Schneebesen

Ein **Mini-Schneebesen** (ca. 1 – 2 EUR) ist ein mit Gold nicht aufzuwiegendes Werkzeug bei der Herstellung kulinarischer Köstlichkeiten aus dehydrierten Nahrungsmittelkomponenten, die idealerweise klumpenfrei mit Wasser vermengt werden sollen. Das Ding ist klein, wiegt nicht viel und stiftet dabei unglaublichen Nutzen.

...nur noch bis dahinten!

Bleibt noch die Frage, wie die Spuren der Völlerei am besten zu beseitigen sind. Es gibt angenehmere Arbeiten als das Reinigen der Töpfe nach einem opulenten Mahl. Da das Küchenequipment in der Regel dürftig ausfällt, wird es vermutlich häufiger zu angebrannten Spuren (z.B. Bratfett) oder einfach angetrockneten Resten kommen.

> (...) aber die Art, wie man den Löffel gewaschen, verschlug mir den Appetit, denn der Hausvater nahm Wasser in den Mund und spritzte es darauf, scheuerte und trocknete mit dem Finger, ebenso tat es die Frau mit dem Topf, wobei sie nach jedem Wischer den Finger ableckte. *[Linné, S. 124]*

Tipp: Töpfe spülen

Trotz alledem braucht man eines nicht mitzuschleppen: Spülmittel. Ist eh nicht gut fürs Wasser und bringt auch nicht viel. Besser, man bedient sich der Natur und reibt das Spülgut mit Moos und Erde oder Sand ab. Das funzt ganz ungemein.

Spülmaschine mit Öko-Spülgang

...nur noch bis dahinten!

Epilog

Da sich sowohl der Sarek selbst – abgesehen von klimakatastrophalen Auswirkungen – als auch sein generelles Image grundsätzlich nicht wirklich verändert haben, halte ich es nach bereits 2 erschienenen Reiseberichten aus dieser Region mit einem allgemeinen Nachwort ebenso und füge es an dieser Stelle fast unverändert an.

Vielleicht noch ein Wort zur Entmystifizierung des SAREK. Der Wunsch, dort zu wandern, bestand bei mir schon lange und in diesem Jahr 2012 war ich zum vierten Mal dort.

Allein, einige Insider-Berichte, an deren Ende man sich wundern muss wie der Protagonist ob der vielfältigen lebensgefährlichen Situationen überhaupt mit dem Leben davongekommen ist, hatten schon ihre abschreckende Wirkung. Heutzutage macht das Internet die Welt zum Dorf und dementsprechend zahlreich sind die Informationsquellen, aus denen man schöpfen kann. Dabei hat sich gezeigt, dass es hinsichtlich der Beschreibung von Sarek-Touren grundsätzlich zwei Darstellungsweisen gibt: die eine legt den Tenor auf die Schönheit der erlebten Natur, während die andere mit Macht in die Kerbe der offiziellen schwedischen Angstmacher-Verlautbarungen haut (s. Textauszüge auf S. 144ff).

Ich kenne Kungsleden, Padjalantaleden, den Grenzpfad von Troms, Teilgebiete südlich des Torneträsk rund um Lapporten und das norwegische Jotunheimen – und ich wage zu behaupten, dass das Gelände im Sarek nicht mehr und nicht weniger Anforderungen an den geübten Wanderer stellt als andere Wandergebiete auch.

Der große Unterschied besteht darin, dass innerhalb des Sarek dem Wanderer keinerlei Annehmlichkeiten in Form von Hütten oder (offiziellen) Wegmarkierungen etc. geboten werden. Aber selbst Letzteres ist teilweise zu relativieren. Wegmarkierungen werden in der Tat nicht erneuert. Gleichwohl gibt es immer wieder mal von Wanderern installierte Steinmännchen oder verblasste Farbmarkierungen aus vergangenen Zeiten.

Darüber hinaus ist es eigentlich nicht möglich, sich wirklich unrettbar zu verirren, sobald man nur eine grobe Karte dabei hat. Da man eh nur den Tälern folgen kann, ist die grobe Richtung von vornherein vorgegeben. Und gut erkennbare, leider unvermeidliche Trampelpfade gibt es immer, sobald der Boden nur weich genug ist (wie z.B. im Rapadalen). Das, was eine über 5- 7 Tage hinausgehende Trekking-Tour anstrengend macht, ist das völlige Fehlen jeglicher Hütten. Somit werden zwangsläufig Teile der Ausrüstung unverzichtbar (Zelt, Schlafsack, Kocher...). Außerdem – und das ist der springende Punkt – muss jedweder Proviant mitgeschleppt werden, eine Gewichtskomponente, die mit jedem weiteren geplanten Marschtag größer wird.

Wenn man sich einigermaßen verantwortlich ausrüsten will, stellt die Proviantliste die einzige Möglichkeit dar, den Rotstift anzusetzen. Weniger Proviant bedeutet weniger Gewicht. Weniger Proviant bedeutet aber auch weniger zu essen. Und weniger zu essen kann geringere Kraftreserven bedeuten. Aus diesem Dilemma gibt es keinen pauschalen Lösungsweg. Den muss jeder für sich selbst finden.

Und wie wild ist diese Wildnis wirklich? Ist man im Sarek wirklich fernab von jeglichen Hilfen? Hütten gibt es keine, aber immerhin existiert mitten im Sarek ein Nottelefon, einige Brücken überspannen den einen oder anderen breiten Fluss. Man ist nicht gezwungen, große Flüsse pioniermäßig zu durchqueren. Dennoch kommt man ums Waten nicht herum.

Gefährliche Situationen gibt es im Straßenverkehr mit Sicherheit häufiger als auf einer Trekking-Tour. Passieren kann immer etwas, keine Frage. Ein körperlicher Defekt kann natürlich dann zum existentiellen Problem werden, wenn man allein unterwegs ist. Ist man wenigstens zu zweit, kann der unverletzte Weggefährte von jedem Punkt im Sarek aus in maximal drei (Gewalt-) Marschtagen Hilfe rufen.

Nichtsdestotrotz bietet der Sarek wunderschöne Landschaften, herrliche Panoramen, beeindruckende Felsmassive und Gletscher, eine anbetungswürdige Outdoor-Atmosphäre – kurz:
wer sich gerne in der weitläufigen Natur bewegt und gerne auf zivilisatorische Anzeichen verzichtet, kommt hier voll auf seine Kosten. Ich freue mich schon auf die nächste „Expedition" in den Hohen Norden Europas.

...nur noch bis dahinten!

Anhang

Zum Ausklang und Abschrecken

*Folgende Texte (Auszüge) werden vom schwedischen **Staatlichen Amt für Umweltschutz** zur Verfügung gestellt (Hervorhebungen durch K.H.):*

Sarek - Mythos und Wirklichkeit
Eine Informationsschrift für Bergwanderer, die den Nationalpark besuchen möchten.

Sie möchten im Sarek wandern? Wir, die wir für Schutz und Pflege des National-parks zuständig sind, hoffen, dass Ihnen bewusst ist, was eine Wanderung im Sarek bedeutet.

*Der Sarek ist eine großartige und **unberührte** Hochgebirgsregion mit steilen Gipfeln und Gletschern. Zwischen den Gebirgsmassiven erstreckt sich ein Netzwerk von tief eingeschnittenen Talgängen. In diesem Terrain voranzukommen, ist, wie man sich leicht vorstellen kann, **ungeheuer strapaziös**. Der Sarek ist aber auch eine **weglose Wildnis**. Die zentralen Teile des Nationalparks liegen kilometerweit von bewohnten Gebieten entfernt. Es gibt **keinerlei Einrichtungen fürTouristen, Pfade oder Hütten**. Im Falle eines ernsthaften Unglücks ist man **völlig auf sich gestellt**.*

*Wir möchten **die Unerfahrenen** unter Ihnen vor einer Wanderung in den Sarek **warnen**. Bevor Sie den Sarek in Angriff nehmen, sollten sie bereits mehrere andere Fjälltouren unternommen haben.(...)*

*Natürlich gehört das Gebiet zu den schützenswertesten und **unwegsamsten** Schwedens. (...) Natürlich ist der Sarek ein Wildmarkgebiet von imponierender Größe - wer jedoch wirkliche Einsamkeit sucht, sollte Gebirgsregionen mit weniger imposanten Namen zum Wandern auswählen, denn während der Hauptsaison ist es im Sarek alles andere als einsam. (...).*
*Wer eine **unberührte Wildnis** in einer Hochgebirgsregion erleben will, für den stellt der Sarek eine Klasse für sich dar. Wenn Sie diese Art Einsamkeit suchen, **müssen Sie schon allein zurechtkommen**. (...)*
*Die Bedingungen im Sarek erfordern, dass man Karten lesen kann, über die richtige Ausrüstung verfügt und nicht zuletzt die rechte Einstellung mitbringt, um **nicht** im Voraus **planbare Schwierigkeiten** wie z.B. schlechtes Wetter, über die Ufer getre-tene Flüsse, Müdigkeit etc. zu meistern.*
*Sie müssen in der Lage sein, Ihre Pläne während der Wanderung zu ändern. **Der Sarek soll eine Region bleiben, in der nichts unternommen wird, um eine Gebirgswanderung zu erleichtern**. So steht`s im Pflegeplan des Nationalparks. (...)*
Und wenn Sie sich "reif" für die Wildnis fühlen, dann heißen wir Sie herzlich will-kommen im Nationalpark Sarek.

Der Sarek ist groß, und für eine Durchwanderung muss man mindestens eine

...nur noch bis dahinten!

Woche einplanen. Eine funktionale, gut durchdachte Ausrüstung inklusive eines guten sturmtauglichen Zeltes ist unerlässlich.

Sie benötigen einen warmen Schlafsack sowie zusätzliche wärmende Kleidungsstücke wie Pullover, Handschuhe und Schal. Denn auch im Sommer kann es empfindlich kalt werden, und Schneefälle sind in dieser Jahreszeit nichts Ungewöhnliches.

Gute Regenbekleidung ist im Sarek ein Muss! In dieser Region fallen sehr große Mengen an Niederschlag. Sie können davon ausgehen, dass es an zwei von drei Tagen regnet oder bedeckt ist. Man kann zwar Glück haben und eine längere Sonnenperiode erwischen, aber ausgehen darf man davon auf keinen Fall.

Ein zuverlässiger Outdoor-Kocher und Proviant gehören ebenfalls zur Ausrüstung. Wir von der Nationalparkverwaltung sehen es am liebsten, wenn das Lagerfeuermachen auf ein Minimum reduziert wird. Zwar ist es nicht verboten, aber die Feuerstellen verschandeln die unberührte Natur. Zudem benötigen Sie ja Brennmaterial zum Verfeuern, was die Vegetation des Parks, der Sie es entnehmen, beeinträchtigt. In diesem Zusammenhang sei erwähnt, dass von lebenden Birken keine Rinde abgeschält werden darf. Lagerfeuer sollten nur dann entzündet werden, wenn Kleidung getrocknet werden muss. Das regelmäßige Essenkochen über offenem Feuer ist sowieso unzweckmäßig. Die Belange des Sarek sollten jedem Besucher am Herzen liegen!

Eine Sarek-Ausrüstung wird zwangsläufig recht schwer - wiegt das Gepäck eines Einzelwanderers weniger als 20 kg, hat er wahrscheinlich etwas Wesentliches vergessen. Sinnvoll ist es, die Traglast, soweit möglich, auf mehrere Personen zu verteilen.

Ein Wanderstab ist eine gute Hilfe beim Wandern und Durchwaten von Bächen – von lebenden Bäumen darf er jedoch nicht stammen!

Im Winter stellt der Sarek noch höhere Anforderungen an seine Besucher. In vielen schmalen Tälern wie beispielsweise dem Lullihavagge besteht selbst unten im Tal Lawinengefahr. Im Winter toben schwere Stürme, und das Fehlen von Übernachtungshütten macht einen Aufenthalt in diesem Gebiet nur für extrem erfahrene Gebirgswanderer möglich.

Wegwahl

Im Sarek gibt es keine Wanderpfade, mit Ausnahme des Kungsleden, der über eine kurze Strecke den südöstlichen Teil des Parks passiert. Trampelpfade sind jedoch auf den von vielen Menschen begangenen Routen entstanden. Wir wollen und können keine genauen Angaben über geeignete Routen aufzeigen, denn niemand kann vorbehaltlos Tipps zum Sarek geben. Schneeverhältnisse und Wasserstände variieren von Jahr zu Jahr. Die Wahl des geeigneten Weges müssen Sie selbst draußen im Gelände mit Hilfe von Karte, Kompass und einem sicheren Urteilsvermögen finden.

Rapadalen

Rapadalen ist ein großartiges Tal, aber eine Wanderung dort ist kein Sonntagsspaziergang. Das Tal hat eine dichte Vegetation, und folgt man auch den ausgetretenen Pfaden auf der nördlichen Seite, so ist ein Vorankommen im Weidendickicht - besonders bei Regen – sehr beschwerlich. Über weite Strecken verläuft der Trampelpfad durch Sümpfe mit morastigem und schlammigem Untergrund. Bestimmte Streckenabschnitte wurden kürzlich mit Bohlenwegen versehen, um den Boden zu

...nur noch bis dahinten!

schützen. Aber nach wie vor ist eine Wanderung durch das Tal sehr anstrengend. Wir empfehlen den Gebirgswanderern, den unteren Teil des Rapadalen zu meiden und sich statt dessen nördlich von Skierfe zu halten, dem Nordhang des Tales zu folgen, und die Route schräg auf Alep Vassajajåkkaåj zu nehmen, die hinunter zum Rapaselet führt. Diese Route bietet viele großartige Ausblicke, die das, was man vom Tal aus sieht, weit übertreffen.

Schwer zu durchwatende Flüsse

Viele der Wasserläufe im Sarek sind bei Hochwasser unpassierbar. Auch kleine und sonst leicht zu durchwatende Bäche können über die Ufer treten und eine starke Strömung aufweisen. Die Wasserführung der Gletscherflüsse variiert in Abhängigkeit vom Schmelzwasser sehr stark. Häufig sind sie schmal, steilufrig und stark strömend, wobei rollende Felsblöcke eine besondere Gefahr darstellen. Flüsse wie **Rapaätno, Njåtsosjåkkå, Kåtokjåkkå** und **Kukkesvaggejåkkå** gelten als **besonders gefährlich**. Ein Durchwaten dieser großen Wasserläufe sollte deshalb unterbleiben. Die beiden letztgenannten Flüsse kann man jedoch über Brücken passieren. Unterhalb Låddepakte gibt es eine beschriebene Watstelle durch den Rapaätno - Tielmavadet. Es ist jedoch sehr schwierig und nicht ohne Risiko, den hier normalerweise sehr breiten und relativ tiefen Fluss zu durchqueren.

Nachfolgend einige weitere strategisch günstig gelegene Flüsse, die von Wanderern oft durchwatet werden, aber mit Vorsicht zu genießen sind:
Sarvesjåkkå: schwierig in den unteren Flussabschnitten bei Hochwasser; Überspringen kann man ihn im Oberlauf in einem schmalen Canyon unterhalb Ritatjåkkå;
Kuoperjåkkå: an der Mündung des Alkavagges breit und steinig; mittelschwer zu durchwaten;
Tjagnarisjåkkåtj: nahe der Ebene Pielaslätten, auf der mitunter Schneetreiben herrscht und die ansonsten sehr viel Vorsicht erfordert;
Palkatjåkkå: Im Talgang Njåtsosvagge, ein Bach mit unterschiedlichem Schwierigkeitsgrad, abhängig vom Wasserstand.

Aus Gründen der Sicherheit sollte eine Sarek-Tour mit so wenig Watstellen wie möglich geplant werden. Im Spätsommer führen die meisten Flüsse in der Regel weniger Wasser, es sei denn, ein Unwetter hätte große Niederschlagsmengen gebracht.

Brücken

Im Sarek gibt es zwölf Brücken. Sie wurden in erster Linie für die Belange der Rentierzucht erbaut. Der Kungsleden führt im Südosten des Parks über einige dieser Brücken. Die Brücken sind in den neuesten Versionen der Gebirgskarten eingezeichnet. Im Winter und bei der Frühjahrsschmelze können diese Brücken beschädigt und dadurch unpassierbar werden. Die Brücke Skarjabron im Zentrum des Parks wird vor Wintereinbruch abgebaut und, sobald die Bedingungen es zulassen, gewöhnlich im Monat Juni, wieder an ihren Platz gestellt. Verlässliche und aktuelle Informationen über den Zustand der Brücken erhalten Sie bei: Länsstyrelsens fjällförvaltning.

(Alles, was hier aufgeführt wird, ist wahr. Interessant dabei ist nur die Wortwahl. K.H.)

...nur noch bis dahinten!

NILS-ASLAK VALKEAPÄÄ

*23.3.1943 in Enontekiö, † 19.2.2004: Bildung: Grundschullehrer, Beruf: Künstler, WCIP (World Council of Indigenous Peoples) Kultur-Koordinator der Sami-Dichter und –Künstler. Nils-Aslak Valkeapää, ursprünglich bekannt geworden als Interpret des Sami Jojk (Joik-Gesang) und als Förderer der Joik Tradition. Er begann seine literarische Laufbahn im Jahr 1971 mit der Broschüre Terveisiä Lapista (Grüße aus Lappland). Seitdem veröffentlichte er Sammlungen von Gedichten, komponierte Musik, hatte Fernsehauftritte, veranstaltete Ausstellungen und versuchte sich in verschiedenen Stilrichtungen. Die Poesie des N.-A. V. ist vornehmlich in der samischen Sprache veröffentlicht worden. Dennoch sind einige der Gedichte auch ins Finnische übersetzt worden. Allerdings sind seine Gedichte besser in Norwegen und Schweden als in Finnland bekannt. N.-A. V. schreibt über die Natur, die dem Volk der Samen sehr nah ist. In seinem Sami poetischen Werk, nutzt er alle Möglichkeiten und Potentiale der samischen Sprache, wie Geräusche, Töne, Genauigkeit, abgeleiteten Wörtern und Musikalität der Wörter, weil die Gedichte in erster Linie für die samische Bevölkerung geschrieben wurden. Der Ausgangspunkt von Nils-Aslak Valkeapää 's Arbeiten ist oft ein *Joik*, weil in ihm ein Thema in verschiedenen Formen wiederkehrt und nach dem Singen für eine lange Zeit im Gedächtnis bleibt. Seine Werke zielen darauf ab, eine besondere Atmosphäre oder Hauptthema zu vermitteln. Die Leitthemen der Poesie von N.-A. Valkeapää sind die Natur, Liebe und soziale Gerechtigkeit. In seiner Arbeit „Beaivi, ahcazan" (1988), ist das Hauptthema das Verhältnis der Samen zu der sie umgebenden Wirklichkeit, das heißt, zu ihrer Existenz als menschliche Wesen, zu den Mitteln für ihre Lebensgrundlage, zur Natur und zur Hauptbevölkerung des Staates. Das Bildmaterial befasst sich überwiegend mit den gleichen Themen.Auch seine anderen poetischen Werke befassen sich in der Regel mit der Beziehung zwischen der Minderheit der Samen und der Hauptbevölkerung der skandinavischen Länder. Nils-Aslak Valkeapää starb 2004 an den Folgen einer Lungenentzündung.

...nur noch bis dahinten!

CARL VON LINNÉ

*23. Mai 1707 in Råshult bei Älmhult; † 10. Januar 1778 in Uppsala, war ein schwedischer Naturforscher, der mit der binären Nomenklatur die Grundlagen der modernen botanischen und zoologischen Taxonomie (Klassifikationsschema) schuf.

Bereits im Jahre 1695 gab es eine naturwissenschaftliche Expedition nach Lappland im Auftrag Carls XI., vornehmlich um festzustellen, ob dort tatsächlich im Sommer die Sonne auch bei Nacht nicht unterginge oder ob das nur eine Sage sei. Unter den Teilnehmern, die natürlich auf andere Kenntnisse über Lappland sammelten, befand sich auch Olof Rudbeck d.J., der spätere Lehrer und Gönner Carl von Linnés. Das wissenschaftliche Material, das diese Expedition heimbrachte, wurde leider 1702 beim großen Brand von Uppsala vernichtet.

Carl von Linné trat fast 40 Jahre später, am 12. Mai 1732, 25-jährig in Uppsala seine Reise in den Norden an, auf Kosten der Königlichen Wissenschaftssozietät in Uppsala und mit dem Auftrag, insbesondere die Tier- und Pflanzenwelt Lapplands zu erkunden.

Linnés „Lappländische Reise" ist ein Reisetagebuch, das, obwohl er später weitere wissenschaftliche Reisen unternommen und ausführlich beschrieben hatte, von ihm selbst nie ausformuliert wurde. Aus diesem Grunde erscheint das Werk in einer erfrischend direkten und ungekünstelten Sprache, quasi so geschrieben wie ihm der Schnabel gewachsen war. Dementsprechend finden sich auch kurze, eingeworfene Fakten, die wahrscheinlich lediglich als momentane Erinnerungsnotizen gemacht worden sind.

Linnés Lapplandbuch wurde erstmals im Jahre 1811 – fast 80 Jahre nach Ende der Reise – in England veröffentlicht und noch viel später, im Jahre 1889 (111 Jahre nach seinem Tod) erschien die erste Ausgabe im Original (in Schwedisch), herausgegeben vom Linné-Forscher Ewald Ährling. Die erste deutschsprachige Ausgabe erschien 1964, traurige 186 Jahre nach Linnés Tod oder 232 Jahre (!) nach Beendigung der Reise selbst.

...nur noch bis dahinten!

KNUT HAMSUN

*4.8.1859 Lom im Gudbrandsdal † 19.2.1952 Nörholm (Südnorwegen)
Der Norweger Knut Hamsun, sein eigentlicher Name war Knut Pederson, führte von seiner Jugend an ein unstetiges Leben. Als Sohn eines Schneiders war er mal Kaufmannsgehilfe, mal Schaffner, mal Kontorist, mal Hilfslehrer oder Sekretär. Er war ein immer reisender, Freigeist, ein Einzelgänger, der bis zum Lebensende nicht wirklich sesshaft wurde. Seine Reisen führten ihn nach Paris, Russland, in die Türkei und zweimal nach Amerika. Das moderne Amerika war Hamsun von Grund auf unsympatisch - "sie haben das Leben zum Entgleisen gebracht".
1920 erhielt er den Literaturnobelpreis für den Roman "Segen der Erde" (1917), in dem er seiner anti-zivilisatorischen Haltung durch einen Lobgesang auf den einfachen Bauern Ausdruck verlieh. Thomas Mann sagte, der Preis sei nie auf einen Würdigeren gefallen.

ROBERT CROTTET

*1908 in St. Petersburg, Schweizer Staatsangehöriger französischer Sprache, † 1987 in Hamburg, floh nicht selten aus unseren Breiten, Gewohnheiten und Zwängen, er durchstreifte zum Beispiel Lappland und beschrieb seine Erfahrungen u.a. in Reisebüchern.

ERNEST ESTLIN CUMMINGS

*14. Oktober 1894 in Cambridge; Massachusetts; † 3. September 1962 in North Conway, New Hampshire, war ein US-amerikanischer Dichter und Schriftsteller.

...nur noch bis dahinten!

Samische Ortsnamen

Die samischen Ortsnamen sind in der schwedischen Gebirgskette vom Dreiländereck bis in das nördliche Jämtland hinunter vorherrschend. Inzwischen werden auch die bislang schwedischen Namen auf der Gebirgskarte durch die ursprünglichen samischen Namen ersetzt.

Alle Ortsnamen sind durch praktische Funktionen entstanden. Die Menschen mussten topografische Lokalitäten oder Objekte identifizieren und lokalisieren. Die Namen enthalten Wörter, die den Ort charakterisieren, von Ereignissen zu einem gewissen Zeitpunkt erzählen, den Namen des Siedlers angeben oder Ähnliches.

In den samischen Ortsnamen gibt es auch Wörter, die spezifisch für die Lebensbedingungen der Sami im Gebirge sind, z. B. mehrere Begriffe für Gebirge mit unterschiedlicher Bedeutung: cohkka (tjåkka) für Berggipfel, gaisi (kaise) für steiles Hochgebirge oder oaivi (åive) für kopfförmigen Berg. Viele Wörter des Samischen lassen sich nicht übersetzen, sondern erfordern gänzliche andere Ausdrücke, sodass diese Namen nicht mit einem einzigen Wort wiedergegeben werden können.

Gebräuchlichste Begriffe zur Positionsbestimmung

ailip, alep	westlicher, höher
allmus, alem us	ganz im Westen, am höchsten
lulip, lulep	östlicher
lulimus, lulemus	ganz im Osten
bajip, pajep	über, höher
bajimus, pajemus	oberst, am höchsten
vuolip, vuolep	untere
áhpi, ape	großer Sumpf, Sumpflandschaft
bákti, pakte	steile Felswand
coalmi, tjålme	Meerenge
cohkka, tjåkkå	Berggipfel
corru, tjärro	Bergrücken
eatnu, ätno	Fluss, Strom
gáisi, kaise	steiles Hochgebirge
gorsa, kårså	Schlucht, enges Tal
jávri, jaure	See
jávrras, jaurati	kleiner See
jeaggi, jägge	Sumpf
jietnja, jiekna	Eis, Gletscher
johka, jåkkå	Bach, Fluss
láhku, lako	hoch gelegene, weite Gebirgsheide
luokta	Bucht
luoppal	kleiner Binnensee
njárga, njarka	Landzunge
njunni, njunnje	Ausläufer eines Fjälls

...nur noch bis dahinten!

oaivi, åive	kopfförmiger Berg
riehppi, rieppe	schwer zugängliches, nischenförmiges Tal
sáiva, salva	See
savvun, savon	stehendes Gewässer
skáldi, skaite	Landzunge zwischen zwei Gewässern
suolu, suolo	Insel, kleine Insel
vággi, vagge	Tal, u-förmiges Tal
varas, varatj	kleines Gebirge
várdu, vardo	niedriges Gebirge mit Aussichtsanhöhe
varri, vare	Berg, Gebirge

Proviant in den Fjällhütten.

Dies ist ein Basissortiment, das abhängig von der Größe der Hütten variieren kann. In größeren Hütten kann das Sortiment erweitert sein.

Fleisch-	Adventure Food,	Knäckebrot
/Fischkonserven	gefriergetrocknet	Schokolade
Suppen, Konserven	Haferflocken	Kaffee
Suppen, Pulver	Brotaufschnitt	Tee
Heiße Brühe	Tubenkäse	Trockenmilch
Gemüsekonserven	Salami, Grilstad	Süßwaren
Bohnen, div. Sorten	Knackwurst	Snacks/Trockenobst
Mais, Bio	Apfelsinenmarmela-	Rosinen
Obstkonser-	de	Hygieneartikel
ven/Desserts	Apfelmus	Toilettenpapier
Pulvercreme	Preiselbeerkompott	Gas
Übrige Lebensmittel	Ketchup/Senf	T-Brennstoff
Kartoffelpüree	Zucker	Streichhölzer
Reis, im Kochbeutel	Salz	Fjällkarte
Nudeln	Brot und Kekse	

Die **Liste der Berge in Schweden** umfasst 12 Gipfel, die mehr als 2000 Meter hoch sind:

Rang	Gipfel	Provinz	Höhe (ü. M.)
1.	Kebnekaise, Sydtoppen	Lappland	2104 m
2.	Kebnekaise, Nordtoppen	Lappland	2097 m
3.	Sarektjåkkå, Stortoppen	Lappland	2089 m
4.	Kaskasatjåkka	Lappland	2076 m
5.	Sarektjåkkå, Nordtoppen	Lappland	2056 m

...nur noch bis dahinten!

6.	Kaskasapakte	Lappland	2043 m
7.	Sarektjåkkå, Sydtoppen	Lappland	2023 m
8.	Akka, Stortoppen	Lappland	2016 m
9.	Akka, Nordvästtoppen	Lappland	2010 m
10.	Sarektjåkkå, Buchttoppen	Lappland	2010 m
11.	Pårtetjåkkå	Lappland	2005 m
12.	Palkattjåkkå	Lappland	2002 m

QUELLEN
Robert Crottet, *Verzauberte Wälder*, dtv 1984, [Crottet1]
Robert Crottet, *Am Rande der Tundra*, Fischer Taschenbuch Verlag, April 1980, [Crottet2]
E. E. Cummings, *Complete Poems 1904-1962*. Ed. George J. Firmage. New York: Liveright, 1991
Knut Hamsun, *Sämtliche Romane und Erzählungen*, Bd. 1, List Verlag 1977, [Hamsun]
Carl von Linné, *Lappländische Reise*, Insel-Taschenbuch 102 , 3. Auflage 1981, [Linné]
Nils-Aslak Valkeapää, *The Sun, my Father,* DAT, Guovdageaidnu 1997, [Valkeapää1]
Nils-Aslak Valkeapää, *Trekways of the Wind,* DAT. Guovdageaidnu 1994, [Valkeapää2]
Fotos von **Klaus Heyne / Niklas Heyne**

Hinweis:

In den Linné-Zitaten sind zugunsten besserer Lesbarkeit dessen lateinische Einflechtungen in den Originaltext direkt durch die deutschen Entsprechungen aus dem Anhang der o.a. Buchausgabe ersetzt und durch *[ ]* kenntlich gemacht worden.

Daten zu Nils-Aslak Valkeapää:
http://de.wikipedia.org/wiki/Nils-Aslak_Valkeap%C3%A4%C3%A4

Daten zu Knut Hamsun:
http://de.wikipedia.org/wiki/KnutHamsun...

Daten zu E.E.Cummings
http://en.wikipedia.org/wiki/E._E._Cummings

Daten zu Robert Crottet
http://en.wikipedia.org/wiki/RobertCrottet

Samische Ortsnamen; Übersicht der Fjällhütten, etc etc
www.stf.se

…nur noch bis dahinten!

IMPRESSUM

Titel	…nur noch bis dahinten! / Klaus Heyne
Person(en)	Heyne, Klaus
Ausgabe	2. Aufl.
Verleger	Norderstedt : Books on Demand
Erscheinungsjahr	2013
ISBN	9783732234325
Umfang/Format	149 S., 64 z. T. farb. Ill. ; 210 mm x 148 mm,
Sachgruppe(n)	910 Geografie, Reisen
Erscheinungstermin	Oktober 2014

BIBLIOGRAPHIE

JOTUNHEIMEN - Wandern in der Heimat der Riesen
Eine Wanderung in Norwegens Bergwelt
ISBN: **978-3839136485**

Zwei im Sarek:
Wandern unter der Mitternachtssonne
ISBN: **978-3839134092**

Zwei zum ersten Mal im Sarek:
Wandern im Land der Samen
ISBN: **978-3844802054**

Anregungen und Kritik sind willkommen.

Bitte schreibt an: klaus.heyne@web.de
Besucht auch: www.longdistancetrekker.jimdo.com